全国机械行业职业教育优质规划教材（高职高专）
经全国机械职业教育教学指导委员会审定
汽车技术服务与营销专业

汽车商务礼仪与销售技巧

全国机械职业教育汽车类专业教学指导委员会（高职）组编

主编 罗 静
参编 宋润生 韩承伟 黄文伟 张亚琛 陈建华
　　 彭 鹏 张 强 于 湛 任少云

机械工业出版社

本书是全国机械职业教育汽车类专业教学指导委员会组织编写的职业技术教育汽车营销与服务专业的系列教材之一。本书通过汽车商务礼仪与销售实务技巧的实际案例教学，使学生能系统地掌握汽车销售服务中的知识和技巧，以满足职业岗位群的实际需要和培养能解决工作实际问题的复合型应用人才。

本书主要内容包括汽车销售概论、商务礼仪、展厅接待、需求分析、车辆介绍、试乘试驾、异议处理、促成成交、交车及交车后的客户服务等。

本书可作为高等职业院校在校学生学习汽车销售与商务礼仪的理论教材，也可用作汽车从业人员业务培训的教学用书，还可供汽车销售与商务礼仪方面的业余爱好者学习参考。

本书配有电子课件，凡使用本书作为教材的教师可登录机械工业出版社教育服务网 www.cmpedu.com 下载。咨询电话：010-88379375。

图书在版编目（CIP）数据

汽车商务礼仪与销售技巧/罗静主编．—北京：机械工业出版社，2019.3
(2025.1 重印)
全国机械行业职业教育优质规划教材．高职高专
ISBN 978-7-111-62555-1

Ⅰ.①汽… Ⅱ.①罗… Ⅲ.①汽车-商业服务-礼仪-高等职业教育-教材②汽车-销售-高等职业教育-教材 Ⅳ.①F766

中国版本图书馆 CIP 数据核字（2019）第 072567 号

机械工业出版社（北京市百万庄大街 22 号　邮政编码 100037）
策划编辑：葛晓慧　责任编辑：葛晓慧　蓝伙金
责任校对：朱继文　封面设计：鞠　杨
责任印制：单爱军
北京虎彩文化传播有限公司印刷
2025 年 1 月第 1 版第 5 次印刷
184mm×260mm・8.75 印张・209 千字
标准书号：ISBN 978-7-111-62555-1
定价：23.00 元

电话服务　　　　　　　　网络服务
客服电话：010-88361066　机　工　官　网：www.cmpbook.com
　　　　　010-88379833　机　工　官　博：weibo.com/cmp1952
　　　　　010-68326294　金　书　网：www.golden-book.com
封底无防伪标均为盗版　机工教育服务网：www.cmpedu.com

汽车技术服务与营销专业教材研发小组

项目指导　冯　渊　无锡职业技术学院
组　　长　贺　萍　深圳职业技术学院
副 组 长　田春霞　大连职业技术学院
　　　　　　宋润生　深圳职业技术学院
成　　员　(按姓氏汉语拼音首字母排序)
　　　　　　高谋荣　深圳职业技术学院
　　　　　　姬笑非　长春汽车工业高等专科学校
　　　　　　罗　静　深圳职业技术学院
　　　　　　潘　浩　深圳职业技术学院
　　　　　　彭　鹏　深圳职业技术学院
　　　　　　宋作军　淄博职业学院
　　　　　　唐作厚　广西机电职业技术学院
　　　　　　张克明　海南经贸职业技术学院
　　　　　　张一兵　中国道路运输协会
　　　　　　周　燕　南京交通职业技术学院

联 系 人　机械工业出版社　蓝伙金　葛晓慧

丛书序

经过十几年的快速发展,中国已经成为世界最大的汽车生产国和主要的汽车消费国。中国汽车消费市场从最初的形成和发展走向了逐步成熟,并开始呈现市场结构优化、技术手段升级、营销模式创新和新兴服务领域快速涌现的新型态势。新的营销理念、新的营销模式、新的服务领域都在冲击着中国的汽车销售和售后服务领域,表现出了一方面是汽车销售及售后服务业对人才的大量需求,另一方面又是能够适应现代汽车销售市场和服务市场的人才的匮乏。为了适应新的形势,近年来,国内的大专院校,尤其是职业技术类院校的汽车营销类专业在迅速扩充规模的同时积极探索新的人才培养模式,调整课程结构,改进教学方法,以实现培养适应新形势下现代汽车营销类人才的需要。

由全国机械职业教育汽车类专业教学指导委员会(高职)组织编写、机械工业出版社编辑出版的这套汽车技术服务与营销专业教材,正是面对汽车营销及售后服务市场的新形势而推出的。教材从市场需要的实际出发,坚持以职业素养的培养为基础,以能力提升为目标,以就业为导向,把提高学生的职业素养和职业能力放在突出位置,集中体现培养学生"汽车技术运用""整车及配件营销""二手车鉴定评估""汽车保险理赔"和"汽车信贷与租赁业务"能力等,并特别面向新兴的汽车电子商务领域推出了《汽车电子商务》教材,使之满足培养具有分析和解决汽车营销和汽车后市场服务领域实际问题能力的复合型、高等应用型人才之需要。

因此,本系列教材按照汽车营销类岗位的职业特点和职业技能要求,务求探索和创新:

1. 拓宽汽车技术领域的视野,在满足必要的汽车技术知识铺垫后,强调横向知识的宽泛,突出汽车技术、构造、配置上的差异所带来的车辆性能、车辆特点和使用状况的差异性对比,并追踪汽车新技术的运用,适应学生作为汽车销售顾问的技术性要求。

2. 追踪和吸收前沿的营销理论和营销方法,运用适量的背景资料透视国内外汽车营销行业的发展变化,了解汽车市场的运行状况和走势。

3. 汇集汽车营销领域的经典案例和国内汽车企业的典型案例,通过贴近现实、贴近中国消费者汽车生活的汽车营销实例,近距离了解和掌握汽车营销的相关技术和方法。

4. 注重业务过程的实务性训练,引入汽车营销企业的现实做法,业务流程、业务规范均来自企业实际,与企业的业务实际零距离对接。

5. 强化职业技能和技法的训练,每章除了复习性的思考练习之外,还安排了用于实际操作训练的实践练习项目,训练学生的实际动手能力。

6. 面向学生汽车营销综合应用能力培养的需要,新编了《汽车性能评价与选购》教材。

7. 面向新兴的汽车网络营销业务需求,增加了《汽车电子商务》教材。

汽车营销业仍是一个新兴的业务领域,也是一个专业技术极强的业务领域。作为高职高专院校,其目标是培养具有一定的理论基础和较强的动手能力的一线应用型技术人才。本系列教材紧扣高职高专教育的目标定位，力求实现"有新意"——内容新、结构新、格式新；"有特色"——背景资料、典型案例、相关链接；"有亮点"——企业实务、实践项目。

  本系列教材在全国机械职业教育汽车类专业教学指导委员会（高职）的组织引导下，由多所职业院校教师共同参与完成，是汽车营销职业教育领域集体劳动的成果和智慧结晶，其间得到了机械工业出版社领导和编辑的支持和指导，在此，谨表示衷心感谢。

汽车技术服务与营销专业教材研发小组组长　贺　萍

前 言

《汽车商务礼仪与销售技巧》一书贯彻了教育部关于发展职业教育的指导方针和教育思想，从市场需求的实际出发，以企业案例为参考，在内容上充分体现了理论与实践相结合的原则，其目的是使汽车专业学生能全面、系统地掌握汽车销售与服务知识和技巧，以满足职业岗位群的实际需要，培养能解决汽车销售与服务领域工作实际问题的复合型应用人才。

本书按照汽车销售与服务的实际工作过程，综合了常见汽车销售品牌公司的销售业务及服务执行方法，编写了九个模块的内容，主要包括汽车销售概论、商务礼仪、展厅接待、需求分析、车辆介绍、试乘试驾、异议处理、促成成交、交车及交车后的客户服务等。除了正文外，各模块均设有学习目标、技能要求、模块要点及复习思考题。其中学习目标为理论课程应掌握的内容，技能要求为实训课程应掌握的技能。每个模块后附有模块要点，概括本模块内容主题，帮助教师和学生掌握学习重点；复习思考题形式多样，融入相应的重要知识点，学生可用于复习和巩固学习知识，教师可用来评估和检验学生学习效果。

本书顺应当前高等职业教育改革的形势，以汽车相关专业的知识体系为需求目标，既注重丰富学生的理论知识，又注重培养学生实践的能力。在编写中力求使之具有以下特点：

（1）以"应用"为核心，基础理论以"必需、够用"为度，以就业为导向，以全面的素质培养为基础，以能力为本位，把提高学生的职业能力放在突出位置。

（2）汇集汽车销售与服务领域的经典案例，选用贴近现实、贴近国内消费者汽车生活的实例，通俗易懂，让学生能轻松掌握销售服务所需要的知识和技能。

（3）强化技能和技法的训练，安排了用于实际操作训练的实践练习项目，训练学生的实际动手能力。

本书主编为深圳职业技术学院罗静，有十多年的汽车服务行业工作经验。深圳职业技术学院的宋润生、韩承伟、黄文伟、张亚琛、陈建华、彭鹏、张强、于湛、任少云参与了本书的编写工作。

本书在编写过程中得到了业内同行的大力支持，在此表示诚挚的感谢。本书参考了大量国内外资料、相关著作和文献资料，虽然大部分资料来源在书后的参考文献中已做出说明和致谢，但可能会有遗漏，在此一并向相关资料原作者、原所有权人表示诚挚的谢意。

编　者

二维码索引

序号	名称	图形	页码	序号	名称	图形	页码
1	专业汽车销售顾问形象塑造-女士标准站姿		17	8	汽车销售顾问展厅接待礼仪-递名片要点		25
2	专业汽车销售顾问形象塑造-女士站姿-错误视频		17	9	汽车销售顾问展厅接待礼仪-接名片标准姿势		25
3	专业汽车销售顾问形象塑造-男士标准坐姿		17	10	汽车销售顾问展厅接待礼仪错误示范-名片没有正面朝上		25
4	专业汽车销售顾问形象塑造-女士高低式蹲姿		18	11	六方位介绍绕车训练要点-开驾驶室门视频		58
5	汽车销售顾问展厅接待礼仪-引导姿势-高位引导		18	12	六方位介绍训练-介绍驾驶室礼仪规范		58
6	汽车销售顾问展厅接待礼仪-引导姿势-中位引导		18	13	六方位绕车介绍训练-后排		59
7	汽车销售顾问展厅接待礼仪-鞠躬标准姿势		18	14	六方位绕车介绍训练六方位—发动机		61

目 录

丛书序
前　言
二维码索引
模块一　汽车销售概论 ··· 1
　　单元一　关于销售 ·· 1
　　单元二　汽车销售业务特点 ·· 6
　　单元三　汽车销售业务及人员素质要求 ······································ 8
　　模块要点 ·· 14
　　复习思考题 ·· 14
模块二　商务礼仪 ·· 16
　　单元一　仪态仪容仪表 ··· 16
　　单元二　行为礼仪 ··· 23
　　单元三　语言规范和电话使用礼仪 ··· 27
　　模块要点 ·· 31
　　复习思考题 ·· 32
模块三　展厅接待 ·· 33
　　单元一　展厅准备 ··· 33
　　单元二　寒暄接近 ··· 35
　　单元三　沟通获得信息 ··· 40
　　模块要点 ·· 45
　　复习思考题 ·· 45
模块四　需求分析 ·· 46
　　单元一　需求分析概述 ··· 46
　　单元二　需求分析的工作内容 ·· 47
　　单元三　了解客户需求的方法 ·· 51
　　模块要点 ·· 54
　　复习思考题 ·· 54
模块五　车辆介绍 ·· 56
　　单元一　六方位车辆介绍法 ··· 56
　　单元二　产品 FAB 介绍法 ·· 64
　　单元三　车辆介绍法的应用 ··· 66
　　模块要点 ·· 67
　　复习思考题 ·· 68
模块六　试乘试驾 ·· 70
　　单元一　试乘试驾前 ··· 70

单元二　客户试乘 ··· 73
　单元三　客户试驾 ··· 78
　单元四　试乘试驾后 ·· 80
　模块要点 ·· 82
　复习思考题 ··· 83

模块七　异议处理 ·· 85
　单元一　客户异议的类型 ·· 85
　单元二　客户异议的产生原因 ·· 89
　单元三　客户异议的处理 ·· 92
　模块要点 ·· 96
　复习思考题 ··· 96

模块八　促成成交 ·· 97
　单元一　识别客户购买信号 ··· 97
　单元二　成交策略 ·· 99
　单元三　成交方法 ·· 100
　模块要点 ·· 110
　复习思考题 ··· 110

模块九　交车及交车后的客户服务 ································· 111
　单元一　交车前的准备 ·· 111
　单元二　交车过程 ·· 113
　单元三　交车后的客户服务 ··· 117
　模块要点 ·· 126
　复习思考题 ··· 126

参考文献 ··· 128

模块一

汽车销售概论

学习目标：
- 理解销售的含义
- 了解汽车销售业务的特点
- 掌握汽车销售人员的素质要求

技能要求：
- 能熟练进行顾客分级管理
- 能熟练针对顾客分类采取应对策略

单元一　关　于　销　售

在一个营销企业中，同服务、技术开发或生产管理等业务环节一样，销售也是企业中很重要的业务环节，掌握销售的内涵能更好地使销售人员把握工作的实质，促进业务的发展。

一、销售的含义

在了解客户需求的基础上，通过有针对性地进行商品介绍，以满足客户特定需求的过程称为销售。理解销售的含义，可以引出以下三个方面的结论：

1）**销售不是单纯地解说商品的功能**，而是要深入地了解客户的需求，进行有针对性的介绍。

2）**销售注重结果。** 在与客户沟通过程中，不要试图说服客户，要让客户感觉受到尊重，要由客户自己来做决定，要让客户发自内心地认同。

3）**销售不是炫耀自己的专业**，而要注意倾听，让客户说出他的想法，销售人员要谦虚，要让客户感觉到轻松和愉悦。

4）**销售不只是销售商品**，最关键的是要赢得客户的理解和信任，没有客户的理解和信任，要获得客户真正的需求是不可能的，因此真诚是销售人员最有力的武器。

二、销售与营销的区别

1. 包含的内容不同

营销是一个系统，而销售只是营销的一部分。营销包括市场调研、市场推广、品牌策划、销售、客户服务等。

2. 思考的角度不同

销售主要是企业以固有产品或服务来吸引、寻找客户，这是一种由内向外的思维方式；营销则是以客户需求为导向，并把如何有效开发客户作为首要任务，这是一种由外而内的思维方式。

3. 结果的诉求不同

销售是把产品卖好，是销售已有的产品、把现有的产品卖好；营销是让产品好卖，是产品的行销策划、推广，营销的目的是让销售更简单，让产品更好卖。如果把商场比喻成战场，销售就是作战部队在营销作战平台前提下的攻城略地。如果把营销比喻成打仗，那政治部就是市场定位；参谋部就是市场调研和策划；后勤部就是市场推进支持；装备部就是产品研发和改良；陆军就是阵地占领，销售推进；海军就是作战协助，促销支持；空军就是市场突破，沟通造势。

4. 两者格局的差异

营销需要以长远的战略眼光确定大的方向和目标，并以切实有效的战术谋策达成中短期目标，营销的这些特性会进一步激发、训练销售人员的长远商业目光及把握市场机会的能力。因为营销是一种以外向内，通过外部环境改造企业内部环境的思维，它更能适合于市场，所以营销不但适合于企业的长远发展，同时也是一种以市场为本的谋利思维。

总结：销售和营销的差异在于，销售是一种战术思考，以销售力为中心，注重销售的技巧与方法，关心的是现有商品的销售和销售目标的实现；营销是一种战略思考，以创造力为中心，注重建立能持续销售的系统，关心的是客户的需求满足和企业的永续经营。从销售到营销的跨越其实就是从战术到战略、眼前到未来、短利到长利、生存到永续。

三、评估潜在客户的 MAN 法则

1. 潜在客户的定义

所谓潜在客户，是指对某类产品或服务存在需求且具备购买能力的待开发的客户，是可能成为现实客户的个人或组织。这类客户或有购买兴趣、购买需求，或有购买欲望、购买能力，但尚未与销售者发生交易关系。怎样理解这个定义？

第一，潜在客户感兴趣的是"某类产品或服务"。

第二，潜在客户有购买需求的可能。

第三，潜在客户具备购买能力。

第四，潜在客户是"待开发"的客户。

潜在客户包括一般潜在客户和竞争者的客户两大部分。一般潜在客户是指已有购买意向的客户群体，但却尚未成为任何同类或组织的客户；竞争者的客户，就是竞争者所拥有的客户群体。

2. 评估潜在客户的 MAN 法则

在竞争激烈的现代市场，客户是销售人员的上帝。销售人员拥有的顾客越多，销售的规模越大，销售的业绩也就越好。在实际销售中，为提高销售效率，销售人员必须练就能准确辨别真正潜在客户的本领，评估潜在客户的方法主要是 MAN 法则。

（1）经济收入 M（Money） 评估潜在客户的第一个要素是经济收入。目标顾客必须对销售品具有支付能力。也就是说，销售人员需要考察该客户是否有购买力，是否具有消费此产品或服务的经济能力。

（2）决策权 A（Authority） 评估潜在客户的第二个要素是决策权。目标顾客必须具有购买决策权。也就是说，销售人员所极力说服的对象是否有购买决定权。

（3）购买需求 N（Need） 评估潜在客户的第三个要素是客户的购买需求。目标顾客必须对产品有真实需求，所谓真实需求是指存在于人们内心对某种目标的渴求或欲望，它由内在的或外在的、精神的或物质的刺激所引发。

针对 MAN 法则，如果用大写的 MAN 分别代表客户有购买能力、有决策权，也有购车的需求；而用小写的 man 分别代表没有钱、没有决策权、没有购车需求，可以把所有的潜在客户分为八种类型。八种类型顾客的应对策略见表 1-1。

表 1-1 八种类型顾客的应对策略

类　　型	应　对　策　略
M + A + N	理想的销售对象，应重点发展
M + A + n	有成功的希望，需要销售顾问开发出顾客的需求
M + a + N	有希望，销售顾问必须找出具有决策权的人
m + A + N	有希望，销售顾问应为其推荐适合其购买能力的车型，并注意不要伤害顾客的自尊心
m + a + N	是待发展的潜在客户，销售顾问要长期培养，并找出有决策权的人
m + A + n	待发展，需要长期培养并挖掘需求
M + a + n	待发展，需要销售顾问挖掘需求，找出有决策权的人
m + a + n	非潜在客户，无须接触

通过表 1-1 可以看出，对于销售人员而言，最重要的顾客就是那种既有购买能力又有购车需求而且是掌握决策权的人。销售人员要根据这三条标准来剔除那些"伪客户"，只留下真正的潜在客户。

3. 潜在客户与现实客户的关系

（1）现实客户的定义 所谓现实客户，是指已经实现了需求的客户，或者说需求已经得到满足的客户。这类客户既有购买需求，又有购买能力，且与销售商已发生交易关系。现实客户包括与销售者发生一次交易关系的新客户和与销售者发生过多次交易关系的老客户。其实，还应包括虽然交易，但没有成功的那部分客户。只要他们来到了展厅，不论买卖是否成功，都应被看作现实客户。

（2）如何看待现实客户 挖掘老客户的购买潜力更经济、更划算。根据帕累托法则（在任何一组东西中，最重要的只占其中一小部分，约20%，其余80%尽管是多数，却是次要的），开发一个新客户的成本是维系老客户的四倍。一是老客户可以增值，当所有客户中，流失了一部分之后，老客户的价值就会增加；二是老客户是企业的"兼职推销员"，是企业优良服务的代言人。

（3）潜在客户与现实客户的关系

1）**互为前提、互为条件**。说新客户是老客户的前提，是说没有新，就没有老，任何事物都是由新变老的，客户也是如此；说老客户是新客户的前提，是说许多新客户都是老客户开发的、挖掘的，没有老，就带不出新。

2）相互影响、相互制约。老客户对新客户的影响表现在，没有老客户的带领，新客户就"进不了门"；老客户的口碑对新客户的影响是潜移默化的。新客户对老客户的影响表现在，新客户在使用商品过程中，他们的认知与心理感受，也会反过来对老客户产生影响。

3）彼此交叉、互相渗透。其实，由于具体的人脉不同，新老客户并不是很清楚地按照新客户站一队、老客户站一队来分的，而是老客户里也有新客户，新客户中也有老客户。由于同学、同事、朋友、亲戚、邻居等不同关系、所介绍来的新客户"进入队伍"之后，实际上，他们是彼此交叉、互相渗透的。

4）在一定条件下，它们是相互转化的。由于个体的性格特征、气质类型不同，有些新客户，虽然与销售顾问只接触了一两次，但就像老朋友一样了，那他们实质上已经是"老客户"了；而由于客户关系管理不善，老客户日后联系较少或基本上没有联系，日久天长之后，老客户也可能就转成了"新客户"。

四、分级管理潜在客户

在寻找和评估潜在顾客的基础上，销售人员把潜在顾客作为实际推销对象时，不可能同时拜访或联系众多的顾客，总是要有先有后，分清轻重缓急。

所谓潜在顾客的分级管理，就是指根据一定的标准把合格的潜在顾客划分为不同的等级，以便有计划、有重点地开展推销活动，取得最佳销售效果。分级管理有助于避免销售工作的盲目性，抓住良好的销售机会。潜在顾客的分级管理包括三种分类的管理办法：根据可能成交的时间分类、按照顾客购车意向的程度分类及按照商谈次数分类。

1. 根据可能成交的时间分类

根据销售人员对客户的了解，根据客户可能成交的时间间隔长短进行分类。

A类：指一个月内可能成交的客户。

B类：指三个月内可能成交的客户。

C类：指超过三个月以后才可能成交的客户。

对于A类客户，可安排短期及高频率的拜访。对于B类或C类客户，可依情况，计划拜访和电话联系时间。

2. 按照顾客购车意向的程度分类

按照客户购车意向的程度设为A、B、C、D四类。

A类是指已交纳购车订金的。

B类是指品牌、车型、价格、交车期等主要因素都已确定，只是对诸如颜色等非主要因素还要进行商量和确认的，一般情况下能够在一周内付款、订车的。

C类是指品牌、车型、价格、交车期等主要因素中有部分认定。如对购车的价格范围已经确定，但却不知具体购买哪个品牌、哪种型号等，还需再了解、再咨询的，一般情况下在一个月内可以决定付款、订车的。

D类是指已有购车愿望，可能尚在等待一笔钱到账或者先行对汽车的品牌、车型、价

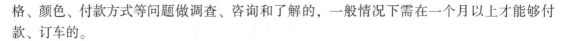

格、颜色、付款方式等问题做调查、咨询和了解的,一般情况下需在一个月以上才能够付款、订车的。

3. 按照商谈次数分类

销售人员可以根据客户来店的次数进行分类。A 类是初次来店的,B 类是第二次来店的,C 类是第三次来店的,D 类是第四次及以上来店。这种方式销售人员最容易判断,最具有可操作性。但是来店商谈的次数往往与顾客的购买意向并没有直接的关系,因此,可能会发生一些客户意向明确,但因来店次数少,而未能得到及时的跟踪,从而造成客户流失的案例。

【案例 1-1】

以耐性来赢得潜在顾客

某汽车销售公司的销售人员陈小青,自结识了某知名公司的潘科长之后,在销售达成方面一直没有取得进展。原因是潘科长一直在进行车型的比较,同时也是另几家汽车销售公司重点公关的对象。大家都明白,如果能和潘科长成交,不但可以影响到他的朋友还可以影响到他的单位、他的同事、他身边的人。作为潘科长本人来说,各汽车公司所推荐的几款车型各有利弊、对所承诺的售后服务也是各有千秋,因而他无法确认。加上不同汽车销售公司的销售人员以其销售经验和技巧成功地影响了潘科长的购车观点,想要这个又舍不得放弃那个,使他陷入了左右为难的境地。因此,潘科长一时也拿不定主意究竟买谁家的好。再加上工作繁忙,潘科长决定把购车的事情暂时放一放。

这边几家汽车销售公司的主办人依然在紧盯不放,一来二去就把潘科长给惹烦了,一气之下说道:"我不买了!"事情陷入了僵局,怎么办?其他公司的策略与方法姑且不说,我们来看看陈小青是怎么做的。陈小青认为,在这种情况下登门面谈已不合适。于是决定采取软接触的方法,发手机短信,内容包罗万象。

天气变化时提醒:"潘科长,明天有冷空气来临,注意穿着保暖。"驾车经验提醒:"潘科长,您在驾车吗?含一颗薄荷糖有助于醒脑。"生日祝贺:"潘科长,祝您生日快乐。"轻松愉快:发送幽默、笑话等。休闲放松:提示潘科长,经常听听音乐,放松一下自己。

刚开始时,潘科长并不以为然,因为他知道销售人员的用意和目的。但时间一长潘科长不仅渐渐习惯了而且被陈小青的这种方式所感动。到这个时候已经过去差不多快三个月了,终于有一天陈小青能够与潘科长用电话进行交流了,于是陈小青在电话里说道:"潘科长,别老是忙于工作了,身体重要啊,知道您也喜欢钓鱼,下周日我有个好地方一起去吧!"潘科长愉快地接受了陈小青的邀请,当然再往下发展,结果已不用多说,最终还是由陈小青赢得了潘科长及其周围客户的购车订单。

分析:在管理潜在客户的过程中,很多销售人员急功近利,对于短期内不决定购买的客户会轻易地放弃。**本案例中可以发现,优秀的销售人员往往是以耐性来赢得潜在顾客的。**

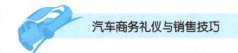

单元二　汽车销售业务特点

汽车是相对高价格和高价值的商品,其技术含量高、制造工艺复杂、技术应用广泛,其功能满足人们的需求方面的多元化又使其销售过程也变得复杂,因此汽车销售业务有其不同于其他普通商品的特点。

1. 产品复杂,技术含量高,专业性强

汽车是民用产品中技术含量最高的商品,同时也是技术更新最快的产品。现在,已经上市的汽车品牌繁多,每个品牌有多个规格和型号,每一款新车上市都会带来技术的提升和改善。因此,汽车销售工作是销售行业中最复杂、科技含量最高的工作,销售人员除了对汽车有深入的了解,全面掌握商品的知识和汽车原理,熟悉汽车的基本构造和结构以外,而且要随着汽车工业的发展和汽车技术的创新,不间断地持续学习。

2. 销售周期较长,购买决策群体角色多

不同于一般商品的购买,购买一辆汽车对顾客来说是一笔不小的开支,顾客不会不假思索就花出这笔钱。很少有顾客在买车前不进行品牌间的比较。

消费者在购买汽车时最大的障碍:第一个是害怕上当;第二个是害怕吃亏(如买过就降价);第三个是害怕混乱、复杂的事情,特别是售后服务。消费者怕承担风险,因此,在决定购买之前,顾客们常常会花数星期甚至数月时间反复衡量,并且在购车的过程中往往会涉及家庭或公司其他成员的参与,购买的决策群体中有使用者、决策者、出钱者、购买者和参谋者,使整个决策的过程出现反复和变化。因此,销售顾问在与顾客接触的过程中,要有耐心,要有持久战的思想准备。同时,汽车销售人员必须站在消费者的立场上,深入挖掘自己所销售的产品到底能为客户提供什么样的价值。如果汽车销售人员本身都弄不清楚产品的实际价值,客户自然不会对这样的产品抱有任何信心。

3. 价值取向是促成销售的先决条件

产品的价值取向是指产品能给使用者所带来的利益价值。所有的消费者在购买产品之前都会充分考虑所购买的产品能否给自己带来价值、带来多大的价值。没有价值的产品,消费者是根本不会考虑购买的。汽车能给客户带来的利益和价值,就是汽车的价值取向。

4. 购买者对服务要求高

顾客在购买和使用汽车的过程中会遇到各种各样的问题,销售人员要及时给予帮助,使顾客真正体会到拥有汽车之后,给生活带来的便利,在提高了生活质量的同时对汽车产生依赖感,由于对生活的满足感得到增强,顾客也会对经销店和销售人员产生信赖,从而提高顾客的忠诚度。汽车销售过程绝不是在简单地销售汽车,而是在销售美好、舒适、方便、有价值的生活。

汽车销售人员的工作不是销售这两个字可以简单诠释的,职位不是单纯的销售人员,他们是客户的出行顾问,是在改变客户的生活、改变商业机遇的运输顾问。客户对汽车销售人员有很高的服务要求。

为从更全面的角度分析汽车销售和其他产品销售的区别,在表1-2中从14个方面来分析汽车销售、家电销售和日用品销售的区别。

模块一 汽车销售概论

表1-2 汽车销售、家电销售和日用品销售的区别

序号	区别类型	汽车销售	家电销售	日用品销售
1	产品对消费者的意义	高级交通工具、高档商品	提供生活便利	日常生活必需品
2	客户所属的社会层次	一般为中高等收入人群	城镇居民为主	所有人
3	产品价值	数万元到数百万元	数千元到数万元	数十元到数百元
4	销售人员素质要求	专业深且广，养成时间长	偏重销售力，养成时间短	偏重收银能力，养成快
5	主要经营利润来源	以售后服务为主，产品销售为辅	商品销售	商品销售
6	售后维护服务需求程度	非常需要	偶尔需要	不需要（消费型）
7	产品使用期限	长（平均约7年）	长（2~3年甚至更长）	短
8	客户购买决策时间	长（平均约2个月）	短（平均约1个星期）	很短（即兴消费）
9	客户信息留存丰富程度	完整的客户信息	不一定留存	不需要
10	客户离店关怀	多且主动	少且被动	极少
11	附加产品销售	多（精品、保险、贷款等）	极少	没有
12	销售模式	坐销与行销	坐销为主	完全坐销
13	销售方式	需要商品说明	需要商品说明	不需要商品说明
14	营业时间	尽量满足客户需求	固定营业时间	固定营业时间

例如，在产品对消费者的作用意义上，日用品的目标消费者几乎囊括了社会上所有的人群，而且日用品是所有人的生活必需品，与粮食、蔬菜同等重要，没有其他物品可以替代，没有它们，人们生活就很难继续下去。而汽车则不是这样的，就算没有汽车，人们的生活也不会受到太大的影响，至少不会无法继续，只是会带来一些不便罢了，因为人们还有其他交通工具可以使用。

在目标客户所属的社会层次上，日用品的消费者就是普通的居民，不管是城镇的，还是乡村的消费者，也不管收入高还是低，都需要日用品。日用品，人人消费得起。而购买汽车的消费者，一般属于城镇或乡村里面收入水平较高的部分人群。

在客户的留存信息方面，区别就更大了。一位购车客户到了4S店之后，销售人员一般要了解客户的姓名、地址、工作、所需产品的主要用途，还要对他的需求进行分析，了解客户对产品的评判标准、购买方式的选择，甚至还要去深入了解客户的日常生活、个人爱好、朋友圈以及家人对产品的选择偏好等。而日用品或者家电产品的销售，无须了解这么复杂的客户信息。

在售后服务方面，家电产品销售也有售后服务，但是日用品就基本没有了。

客户在购买决策时间和来店次数上也是有差别的。一个客户如果想买一辆汽车，一般要来店两三次，甚至五六次，而买家电一般就一两次。买日用品一般只跑一次商店就够了。

购买日用品的决策时间都很短，一般都是即兴购买，效率都很高，而购买汽车时客户就要谨慎许多。

除了上面说的这些区别，这三种销售类型对销售人员的素质要求方面，也是有很大区别的。一位4S店的销售人员就他自己的体会，回答了这个问题"当然是汽车销售对人员的素质要求更高。我有一位与我一起毕业的大学同学，她现在在超市里工作，她们上岗前的培训也就不到3天，而我们却要培训两个月之久，而且在培训期间还不能接待客户，只能跟着师傅，在旁边观摩学习。超市上岗培训的内容与汽车销售也不一样，超市上岗培训只要了解产

品摆放在哪里，属于哪一种类，价格是多少就差不多了。而汽车销售的培训内容就多了，不说别的，单单是产品知识就够学一个半月的，尤其是那些汽车构造和工作原理，我到现在都还没完全弄明白呢。还有很多销售技巧类的培训，包括客户消费行为和心理的分析与洞察、售后服务知识、保险知识以及车辆购买税费计算和上牌流程，还有许多的法规政策都要学习。总之，我觉得对汽车销售人员的素质要求是最高的。"他还告诉我们，他之所以喜欢做汽车销售，就是越来越发现干这个行业真的很能锻炼人，接受的培训很多，要求很高，他在这个行业里学到了很多知识。

单元三 汽车销售业务及人员素质要求

汽车销售工作的内容非常广泛。为了能更好地服务客户，汽车销售人员必须具备一定的汽车行业专业知识。

一、汽车销售工作的主要内容

汽车销售工作的主要内容包括售前准备、潜在客户开发及关系管理、销售接待与沟通、客户需求分析、车辆展示与介绍、试乘试驾、客户异议处理、促成成交、交车、售后客户维系等。

1. 售前准备

包括销售人员仪容仪表的准备；产品知识准备，如产品品牌历史与市场定位、配置及技术参数等；竞品知识准备；销售现场的业务工具夹准备，如合同（空白）、保险及精品报价表、按揭审批程序及还款计算表、名片及计算器等。

2. 潜在客户开发及关系管理

采取广告宣传、举办户外车展、通过熟人介绍、小区展示对陌生客户进行开发；通过短消息问候、电话跟进联络、举办试乘试驾等活动邀约、电子邮件联系、上门服务（如上门按揭服务）等方式对已经联络或来过本店的客户进行持续销售跟进。对上述客户进行分类，通过客户关系管理系统进行层层递进、相互监管、闭环运作，认真对待每一位潜在客户。

3. 销售接待与沟通

这里指的是在顾客进展厅的前几分钟内，在实质性洽谈之前，销售人员努力获得顾客认可并获得初步沟通相互了解的过程。在这个过程中要通过热情的接待和规范的商务礼仪建立起顾客对所经销的汽车及其公司的品牌、车型和销售商的认同，拉近与顾客的关系，获得顾客下一步销售流程的配合。

4. 客户需求分析

客户需求分析是指通过买卖双方的持续沟通，对顾客购买产品的欲望、用途、功能、款式进行逐渐发掘，将顾客心里模糊的认识以精确的方式描述并展示出来的过程。例如了解购车是家用还是公司用、使用人、预算、对车的特殊要求及购车时间等，了解其看过什么车，开过什么车等辅助信息，为后续的产品介绍打下良好基础。

5. 车辆展示与介绍

车辆展示与介绍是销售人员对静态展示的车辆通过讲解与示范帮助客户全面了解产品，进而使其产生购买欲望的过程。在这个过程中，要熟练运用FAB介绍法及六方位车辆介绍法（后面模块五有详细介绍），在一些可以让客户体验的功能上不断寻求客户的认同。

在介绍中语言要流畅简洁，将车辆性能特征与客户的需求和爱好联系起来才能引起购车者的共鸣。

6. 试乘试驾

通过调动客户的触觉、听觉、感觉等机能，全面体验车辆的各种驾驶性能，如动力性、操控性、舒适性、制动性等感受，使其更加感性地认识车辆，并最终激发起购买的欲望。客户也只有在试乘试驾的过程中才能决定这款车到底适不适合自己。对于那些犹豫不决的客户，销售人员在做好车辆静态展示时的产品介绍铺垫后，邀请客户试乘试驾，使其再一次身临其境地体验所了解车辆的各方面性能，对促成成交能起到事半功倍的效果。

7. 客户异议处理

所谓客户异议是客户对销售人员或其销售活动所做出的一种在形式上表现为怀疑或否定或反面意见的一种反应。销售人员在寻找客户到达成交易的整个过程中，不可避免地会遇到客户的各种异议，销售过程实质上就是处理异议的过程。要辨识各种异议的类型，寻找合适的时机，运用异议处理的原则和方法，正确处理客户异议，销售才能得以继续。

8. 促成成交

在向客户完成上述环节并进行价格说明后，成交也就成为销售的最终目的了。在这个阶段，销售人员要运用促成成交的方法（如观察法、实验法、请求成交法、假定成交法、选择成交法、利益汇总法、前提条件法、富兰克林成交法等著名的促成成交方法）帮助顾客做出最后决定，促成交易并完成一定的成交手续。

9. 交车

销售人员必须了解提车时客户的心理和期望，然后有针对性地开展交车说明和提供相应的服务。要与相关人员和部门预约交车时间，保证在约定的时间内，准备好车辆（包括车辆 PDI 检查、清洁美容、附件装饰完备等）；向客户介绍车辆配置及操作方法、介绍车辆保养知识、引见维修服务顾问等。

10. 售后客户维系

交车后，销售人员的主要任务就是客户管理，先填好顾客管理卡，将顾客的基本情况和车辆的相关信息都填入顾客管理卡。内容包括客户的家庭成员、生日、联系电话、E－mail、车型、颜色、价格、保险项目、精品加装项目、车架号码、发动机号码等；预估客户到达目的地的时间，致电确认安全到达，并致谢；交车一周内致电顾客，向顾客表示感谢，并询问顾客车辆使用的状况，了解顾客在车辆使用过程中的满意度，及时听取顾客的意见和建议；交车一个月内致电顾客，了解顾客的行驶里程，提醒顾客维修保养的时间等工作内容。

二、汽车销售人员的素质要求及发展

1. 思想道德素质

具有良好的职业道德。汽车销售人员必须具有强烈的事业心和责任感。要维护企业的利益并顾客的利益。汽车销售人员不仅是企业的代表，也应成为消费者的顾问。要以自己的诚意和行动打动顾客，获取顾客的信任。周到的服务往往能收到意想不到的效果。与顾客打交道时，要设身处地为顾客着想，对顾客想要了解和期望的事情，尽快提供服务。汽车销售人员的责任感主要表现为忠实于本企业，忠实于自己的顾客。积极热忱地为顾客服务，为企业不断开拓市场。

汽车销售人员常见的职业道德问题，通常在以下两个环节容易发生：

（1）销售人员与顾客交往的过程中

1）误导性展示产品或误导产品信息。对产品或产品相关的服务提供虚假、欺骗或误导性信息，比如在描述自身产品的优点时夸大用途。

2）互惠交易。例如，销售人员暗示说，如果您在我们销售服务满意度调查的时候给我们的服务打高分，我们将送一套座椅套给您。

3）强行买卖。也就是骚扰性推销，顾客明确告知销售人员不会购买产品，而销售人员经常打电话给顾客，乃至使顾客不堪忍受或为了避免骚扰而购买产品。

（2）对待竞争对手的过程中　其主要表现为故意贬低竞争对手，散布一些不真实的信息抹黑竞争对手。例如，销售人员说，××品牌汽车的安全性很差。

2. 心理素质

汽车销售工作的特殊性决定了汽车销售人员的心理素质要求。首先，合格的汽车销售人员应该具有感情外露、热情奔放、活动能力强、能当机立断的外向性格特征。一般来说，性格外向的人易于与他人接洽，也擅长辞令，易接受别人，也能被别人较快地接受，有利于向陌生顾客开展推销工作。其次，汽车销售人员应该具有强烈的自信心，应做到诚实、言行一致、履行自己的承诺，给顾客以信赖感。只有这样，才能与顾客培养和建立起长期稳定的关系，才不会使竞争者轻易抢走客户。

3. 业务素质

汽车销售工作的技术性强，销售人员需具备相关业务素质。汽车销售人员的专业知识体系见表1-3。

表1-3　汽车销售人员的专业知识体系

知识面	知识类型	具体内容
生产知识	原材料	原材料是国产还是进口？材料有何特点？有何突出优点
	生产过程	生产过程、工艺特点是怎样的？有何突出优点
	性能、质量	具备哪些性能？最主要的性能特点是什么？质量是如何保证的
车辆知识	品牌特点	品牌历史，车型目录，正式名称、简称
	车型目录	共有哪些车型？该车型适合客户的理由是什么
	商品车内容	商品车型号、构造、功能、用途、维修、使用特点
	商品车特征	有哪些特色？与同级车相比的优缺点是什么？给客户的利益
竞争知识	竞争商品车	了解同级竞争车型与产品车型相比的长处、短处，在售后服务、价格、付款方式等的不同，找出依据
	相关商品车	公司生产的所有产品车型
买卖条件	售后服务	熟记售后服务项目，保修政策，手续的具体规定。熟悉汽车信贷、保险、理赔、牌证的相关规定及办理程序
	交货期、交货方式	现车还是期货？期货日期如何确定？价格有何优惠
	价格、付款方式	系列车型的价格清单，性价比，付款方式的种类等

4. 汽车销售人员业务能力要求

（1）语言表达能力　如果汽车销售人员语言贫乏，词不达意，逻辑性差，思路不清，顾客是不可能接受这样的汽车销售人员的，也不可能接受他所推销的汽车。汽车销售人员要通过语言准确地表达所要推销汽车的信息，同时也能使顾客清楚地理解所推销汽车的方方面面。

（2）观察能力　汽车销售人员应善于察言观色，具有观察细微事物的慧眼，把顾客的手势、反应、脸色、心境等表现，在头脑中快速形成影像并加以整理，迅速做出判断。例如哪些顾客是可能买车的，哪些顾客是闲逛的，哪些顾客有购车欲望，哪些顾客有购买力。现代汽车销售的节奏不可能让汽车销售人员花更多的时间与精力去鉴别顾客，因此，好的汽车销售人员应该具备观察顾客的能力，对多数人所忽略的细枝末节有较强的敏感性，能够较准确地把握顾客的心理。

（3）了解竞争对手的能力　了解竞争对手，就是了解其他汽车销售公司产品的商务条件，了解他们的优势和劣势，尤其是了解他们的销售人员，了解他们在做什么，他们如何向客户介绍汽车，他们如何挖掘客户的内在需求等。

（4）为客户服务的能力　汽车销售人员为客户提供的服务主要有两项，一是服务态度，即汽车销售洽谈过程中应该举止文雅，仪表端庄，态度谦虚，平易近人，能设身处地为顾客着想；二是提供销售的服务咨询，即利用自己所掌握的汽车知识为顾客排忧解难。

（5）处理购车异议的能力　顾客往往会就汽车的质量、价格、款式等方面进行种种询问或质疑。顾客异议是一个交易仍在进行的信号，为销售成功提供了努力的方向。在汽车销售活动中应该把握主动权，按照需要影响购车者的销售谈话内容。对顾客提出的各种疑难，汽车销售人员要区别对待，不能统统认可或完全拒绝。

5. 汽车销售人员的发展

一个汽车销售从业人员的职业生涯，一般会有四个不同的发展方向。

第一个方向是成为更专业的高级销售人才。一个汽车销售人员，从入行到成为金牌销售精英，短则需要3~5年，长则需要5~7年。一般来说，前三年的汽车销售都处在学习阶段，学习销售技巧、学习如何承受销售压力、学习如何挖掘更多的客户。

而所谓更专业的高级汽车销售人才，不仅是指某一个品牌的汽车销售顾问经过几年的历练之后成为此品牌当之无愧的王牌销售人员，而是一个不断超越自我、成就自我，最后成为所有同行业工作者中佼佼者的过程。

一般来说，从事中低端品牌的汽车销售人员，成长到一定阶段之后，就会有可能遇到一个瓶颈。这个时候，有的人会选择转行，有的人会选择自己创业，而大多数人会选择转向高端品牌，继续做销售。因为高端品牌无论是管理要求还是个人能力要求，都更严格，更能激发个人的斗志，拓宽视野，是职业生涯的一次跳跃。

如果销售人员一直将自己的职业规划目标定在销售这个方向上，那么就应该重点在销售技巧和销售业务扩展的广度和深度上发展，深度是变得更专业，广度是由中低端走向中高端。

第二个方向是转型做管理。一部分成功的汽车销售人员会在历经多年的销售实践之后，成功转向管理者，而能够成功转型为管理者的销售人员，绝大部分都曾是公司的王牌销售人才。

如果销售人员有意识转向管理，就必须先做好目前的销售工作，只有在销售上做得出类拔萃了，才能更好地去管理销售团队，否则会无法服众，因为销售是一个"以量制胜"的职业。

一般来说，管理岗位包括销售主管、销售经理、区域经理、销售总监等。如果销售人员有这方面的发展设想，就要积累自己的管理专业背景，要在工作过程中有意识地收集市场信息，进行一些课程的学习，如行业研究、战略规划、人力资源管理、项目管理等。

第三个方向是成为专业的策划或咨询专家。在积累了几年的一线实战经验之后，如果销售人员觉得自己是个悟性较高的人，而且爱学习，爱分享，喜欢读书，善于总结，平时还喜欢写作的话，可以考虑转向做策划，做汽车营销师等。

如果想做得更专业一点，做管理咨询和培训也是不错的选择，许多管理咨询顾问、培训师都是从营销实践转过来的，他们大多有着丰富的销售经验和行业背景，更理解企业实战中的营销环境，因此在做相关行业的营销管理咨询和专业培训时，会显得更有优势。

第四个方向是自己创业。销售人员可以留在这个自己最熟悉的行业中，也可以去追求自己曾经的或现在的梦想，重新开辟新的事业天地，也是一种不错的职业选择方向。但是，一定要在工作中有意识地结识各行各业的人士。

一旦遇到好的机会，可以找朋友一起创业，或者在积累了广泛的人脉和一定的资金之后，自己独立创业。一个报告中曾说，在汽车销售行业多年的一线销售人员，只有20%～30%走向管理道路，长期坚持在一线的有40%～60%，但他们也会向其他部门发展，如市场部、二手车部、保险部、汽车用品公司、主机厂商等。

总之，汽车行业的职业发展是多元化的，只要销售人员做好自己的职业发展规划，并且按照这个规划制订出详细的短期、中期、长期计划，一步一步地往前走，总会走出属于自己的一片天地的。

下面是汽车销售人员个人销售能力水平测试表，在销售人员成长的不同阶段测试并进行分析，可帮助其发现自己的不足，有侧重地改进和完善自我。

这份测试表一共有30道测试题，每道测试题都描述了销售顾问个人在销售过程中的实际行为表现，请销售人员根据自己的真实情况在左边的括号中填上相应的数字。如果认为右边的描述与自己的实际情况不符合，请在括号中填写"0"；如果觉得好像有点符合但又不完全确定，请在括号中填写"1"；如果觉得所描述的行为和自己的实际情况完全相符，请在括号中填写"2"。测试题中A属于工作态度方面的测试内容，B属于知识水平方面的测试内容，C属于技能水平方面的测试内容。

（　　）1. A 我总是千方百计地完成销售任务。
（　　）2. B 我很了解市场上正在销售的主要汽车品牌车型及其产品。
（　　）3. B 我熟悉基本的汽车构造和工作原理。
（　　）4. A 我坚信汽车销售是个好职业。
（　　）5. C 我总能对客户进行全面深入的需求分析。
（　　）6. B 我熟悉与购车有关的税费及保险和贷款的计算方法。
（　　）7. A 我相信自己一定能把车卖好。
（　　）8. C 我总能与不同个性类型的客户进行良好沟通。
（　　）9. C 我总能熟练地向客户进行产品介绍。
（　　）10. B 我熟悉产品介绍的卖点展示销售话术。
（　　）11. A 我很认同公司的销售政策。

模块一　汽车销售概论

(　　) 12. B 我熟悉主要竞争对手产品的配置和优劣势。
(　　) 13. C 我总能灵活自如地应对客户提出的任何异议。
(　　) 14. B 我熟悉自己所销售的每款产品的优点和缺点。
(　　) 15. A 我对自己所销售的产品很有信心。
(　　) 16. A 我总能制订明确的销售目标并把目标贯彻到底。
(　　) 17. C 我总能自如地影响客户的看法。
(　　) 18. C 我总能有很多方法找到销售成交的突破口。
(　　) 19. A 我从不轻易放弃任何一个客户。
(　　) 20. C 我总能引导客户思考的方向。
(　　) 21. B 我了解汽车市场环境及销售趋势。
(　　) 22. A 我总是热情地接待每一个来店或来电的客户。
(　　) 23. B 我熟悉有关的售后服务政策。
(　　) 24. C 我能熟练地开展试乘试驾。
(　　) 25. A 我认为销售成功的关键不在产品本身。
(　　) 26. C 我总能与客户建立良好的信任关系。
(　　) 27. B 我了解每款产品的目标客户群体。
(　　) 28. B 我熟悉每款产品配置给客户带来的具体好处。
(　　) 29. C 我能很自如地应对客户的各种杀价要求。
(　　) 30. A 我善于在工作中学习总结出成功的经验或者失败的教训。

下面是某4S店最近半年某销售冠军针对自己的实际情况做的一次测试，下文将对他的测试结果进行分析解读。

1. (2)　2. (1)　3. (1)　4. (2)　5. (2)　6. (2)　7. (2)
8. (2)　9. (2)　10. (2)　11. (2)　12. (1)　13. (2)　14. (2)
15. (2)　16. (2)　17. (1)　18. (1)　19. (2)　20. (1)　21. (1)
22. (2)　23. (1)　24. (2)　25. (2)　26. (2)　27. (2)　28. (2)
29. (2)　30. (2)

测试完之后，该店这位销售冠军的总得分是52分，这意味着什么呢？分析一下他的得分情况，看看他的得分是如何分布的。统计后会发现，字母A类项目总得分是20分，字母B类项目总得分是15分，字母C类项目总得分是17分，这意味着什么呢？

其实这个表的最高得分是60分，刚入职的销售顾问一般在24～36分，普通的销售顾问得分会在36～42分，优秀一些的也就42～48分，超过50分的非常少。这位销售冠军的测试得分是52分，已经是很高的得分了。

从测试结果可以看出，这位销售冠军在工作中是一个态度非常积极、富有激情、充满正能量的销售人员。他有强烈的完成销售任务的欲望，而且他的目标感很强，对公司、对产品、对自己都很有信心，他很少有抱怨的时候，而且非常喜欢汽车销售工作，是一个不可多得的优秀销售顾问，他很适合从事汽车销售工作。

从中推测得知，在销售过程中，这位销售冠军比较善于总结和反省自己的得失，虽然他还不能很好地主导他与客户之间的关系和销售进程，但是他对待客户非常有耐心，正是因为这一点，他往往能得到客户的信任和好评，让客户觉得他是一个可亲可近的朋友，而不是那种盛气凌人的销售顾问。他的老客户的转介绍率也是比较高的。他对自己所销售的产品技术特点比较熟悉，基础知识掌握得比较扎实，但是在对整个汽车市场的宏观趋势及对竞争产品的了解等方面比较有限，至少不是非常有把握，因此，当客户提及竞品时，他会稍显被动，不能很好地影响和控制客户的思考方向。

总体来说，这位销售冠军是一个关系型倾向的销售人员，而不是一个权威专家型的销售人员。

模块要点

1. 销售就是在了解客户需求的基础上，通过有针对性地进行商品介绍，以满足客户特定需求的过程。

2. 营销是一个系统，而销售只是营销的一部分。营销包括市场调研、市场推广、品牌策划、销售、客户服务等。

3. 评估潜在客户的方法主要是 MAN 法则。

4. 潜在顾客的分级管理包括三种分类的管理办法：根据可能成交的时间分类、按照顾客购车意向的程度分类及按照商谈次数分类。

5. 汽车销售业务特点：产品复杂，技术含量高，专业性强；销售周期较长，购买决策群体角色多；价值取向是促成销售的先决条件；购买者对服务要求高。

6. 汽车销售工作的主要内容包括售前准备、潜在客户开发及关系管理、销售接待与沟通、客户需求分析、车辆展示与介绍、试乘试驾、客户异议处理、促成成交、交车、售后客户维系等。

7. 汽车销售人员应具备的素质包括思想道德素质、心理素质及业务素质。

8. 汽车销售人员应具备的业务能力包括语言表达能力、观察能力、了解竞争对手的能力、为客户服务的能力及处理购车异议的能力。

复习思考题

一、填空题

1. 销售就是在_____的基础上，通过_____进行商品介绍，以满足客户_____的过程。

2. 营销包括_____、_____、_____、_____、客户服务等。

3. 评估潜在客户的 MAN 法则的内容是_____、_____、_____。

4. 潜在客户分级管理的方法包括三种类型：_____、_____、_____。

5. 汽车销售工作的主要内容包括售前准备、_____、_____、_____、_____、客户异议处理、_____、_____、_____、售后客户维系等。

二、判断题

1. 如果一个销售/服务顾问喜爱他所推销的产品/服务，那么他会更成功。（　　）

模块一　汽车销售概论

2. 销售人员对产品的特性介绍得越多，做成这笔生意的机会就越大。　　　　（　　）
3. 如果销售人员谈及自己产品的缺点，将使客户失去购买信心。　　　　　（　　）
4. 客户知道他们想要的是什么。　　　　　　　　　　　　　　　　　　　（　　）
5. 在销售流程中，最困难的阶段是刚开始的一段时间。　　　　　　　　　（　　）
6. 客户最关心的是质量和价格。　　　　　　　　　　　　　　　　　　　（　　）
7. 良好的说服力是一个销售顾问最重要的才能。　　　　　　　　　　　　（　　）
8. 如果客户要求一些时间来考虑，则意味着他想去竞争对手处了解情况。　（　　）
9. 与客户成为朋友是有益的，因为销售人员可以影响他们的决定。　　　　（　　）
10. 销售顾问是公司中最重要的，没有他们就没有公司的发展。　　　　　（　　）

三、单项选择题

1. 潜在客户感兴趣的是某类_____或服务。
   A. 产品　　　　　　B. 商品　　　　　　C. 物品　　　　　　D. 物质
2. 潜在客户具备购买_____。
   A. 能力　　　　　　B. 实力　　　　　　C. 条件　　　　　　D. 潜力
3. 潜在客户有_____需求的可能。
   A. 购买　　　　　　B. 潜在　　　　　　C. 产品　　　　　　D. 商品
4. 潜在客户包括_____潜在客户和竞争者的客户。
   A. 一般　　　　　　B. 可能　　　　　　C. 实际　　　　　　D. 特殊
5. MAN 法则是指经济收入、_____、购买需求法则。
   A. 决策权　　　　　B. 决定权　　　　　C. 制定权　　　　　D. 拍板权
6. 只有同时具有购买能力、购买决策权和购买需要的人，才是_____的潜在客户。
   A. 真正　　　　　　B. 实际　　　　　　C. 真实　　　　　　D. 确实
7. M + A + N，是_____的销售对象。
   A. 理想　　　　　　B. 最佳　　　　　　C. 真正　　　　　　D. 现实
8. 现实客户是指已经实现了_____的客户。
   A. 需求　　　　　　B. 需要　　　　　　C. 欲望　　　　　　D. 要求
9. 帕累托法则认为，开发一个新客户的_____是维系一个老客户的四倍。
   A. 成本　　　　　　B. 花费　　　　　　C. 花销　　　　　　D. 费用

四、简答题

1. 一名优秀的销售顾问应具备什么素质？
2. 汽车销售业务的特点有哪些？

模块二

商务礼仪

学习目标：
- 掌握仪态仪容仪表相关知识
- 掌握相互介绍、名片交换、握手、领带打法等相关知识
- 掌握商务礼貌用语

技能要求：
- 能熟练进行自我介绍、介绍他人、握手、名片交换
- 能熟练运用温莎结领带打法
- 能熟练使用欢迎语、寒暄语、送客语及电话使用等礼貌用语

单元一 仪态仪容仪表

在汽车销售中，规范的仪态仪容仪表是对销售人员最基本的要求。良好的仪态仪容仪表对销售人员的形象、经销商的企业形象，乃至于所代理的汽车品牌形象都会产生积极影响。本节选取与汽车销售关系密切的相关部分。

仪态部分包括站姿、坐姿、走姿、蹲姿、指引、行礼、视线等。

仪容仪表部分包括头发、面部、手部、服装、鞋袜等。

一、仪态

1. 站姿

总的要求是，正面看："头正、肩平、身直"，侧面看："含颏、挺胸、收腹、直腿"。

对于男性，要体现男性的刚健、潇洒、英武、强壮的风采，力求给人一种"劲"的壮美感；双手相握、叠放于腹前，或者相握于身后；双脚可以叉开，与肩同宽。

对于女性，要表现女性轻盈、典雅、娴静的韵味，要努力给人一种"静"的优美感；双手相握、叠放于腹前，双脚可以稍许叉开。

商务礼仪中的站姿如图2-1所示。

2. 坐姿

在请顾客坐下后，销售人员一般从椅子的左侧入座，坐在椅面的前2/3，挺直端正，不要前倾或后仰，双手舒展或轻握于膝盖上，双脚平行，间隔一个拳头的距离，大腿与小腿呈

90°。如坐在深而软的沙发上,应坐在沙发前端,不要仰靠沙发,以免鼻毛外露。对于男性,忌讳跷二郎腿、随意脱鞋,把脚放到自己的桌椅上或架到别人桌椅上。图 2-2 所示为不正确的坐姿和正确的坐姿。

图 2-1　商务礼仪中的站姿　　　　　　　　图 2-2　不正确的坐姿和正确的坐姿

对于女性,一般容易出现的问题是坐姿不规范,要求坐时应双脚交叉或并拢,双手轻放于膝盖上,嘴微闭,面带微笑,两眼凝视说话对象。图 2-3 与图 2-4 所示为商务礼仪中女士的两种坐姿。

图 2-3　商务礼仪中女士的坐姿 1　　　　　图 2-4　商务礼仪中女士的坐姿 2

3. 走姿

对于男性,应抬头挺胸、步履稳健、坚定自信,避免走八字步。对于女性,应背部挺直,双脚平行前进,步履轻柔自然,避免做作。

4. 蹲姿

在拾取低处物件时,应保持大方、端庄的蹲姿。一脚在前,一脚在后,两腿向下蹲,前脚全着地,小腿基本垂直于地面,后脚脚跟提起,脚掌着地,臀部向下。图 2-5 与图 2-6 所示分别为商务礼仪中女士的蹲姿与男士的蹲姿。

5. 指引

需要用手指引某样物品或指引顾客时,食指以下靠拢,拇指向内侧轻轻弯曲,指示方向。图 2-7 所示为商务礼仪中的指引手势。

图 2-5　商务礼仪中女士的蹲姿

图 2-6　商务礼仪中男士的蹲姿

图 2-7　商务礼仪中的指引手势

6. 行礼

展厅接待人员的行礼角度可分为三种：15°、30°及45°。

销售人员在接受客户委托或是请客户稍等时的行礼角度，只需15°即可。如果销售人员和客户视线碰上时，行礼的角度也是15°。在与顾客交错而过时，销售人员应面带微笑，行15°鞠躬礼；接送顾客时，应行30°鞠躬礼；初次见面或感谢顾客时，应行45°鞠躬礼。

图2-8所示为商务礼仪中的行礼角度。

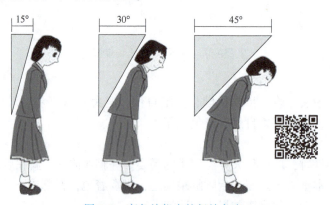

图 2-8　商务礼仪中的行礼角度

7. 视线

销售人员在与顾客沟通时，两眼的视线落在对方的鼻间，偶尔也可以注视对方的双眼。

恳请对方时，注视对方的双眼。为表示对顾客的尊重和重视，切忌斜视或左顾右盼，避免让顾客感到销售人员心不在焉。此外，根据与顾客的熟识程度，可以按"生客看大三角，熟客看小三角，不生不熟看倒三角"的法则来把握自己与顾客的视线交流。所谓"大三角"即以眉心为顶点，两肩为底边构成的三角形；所谓"小三角"即以眉心为顶点，下巴为底边构成的三角形；所谓"倒三角"即以眉毛为底边，鼻尖为顶点构成的三角形。

图 2-9　商务礼仪中的微笑

8. 微笑

在人际交往中，微笑适用范围最广。真诚的微笑是世人公认的人类最美好的语言，它无须翻译，世人皆通，易使双方产生心灵的共鸣。在汽车销售所有环节中都要保持微笑。图 2-9 所示为商务礼仪中的微笑。

9. 仪态项目评分表

仪态项目评分表见表 2-1。

表 2-1　仪态项目评分表

评分项目	评分标准	分值	得分
站姿	头正，躯挺，肩平，挺胸，收腹	5分	
	男：双手相握于腹前、握于身后或垂于身体两侧 女：双手相搭放于小腹上	5分	
	男：双脚打开与肩同宽 女：脚位 V 字或 T 字步	5分	
坐姿	头正，身直，双目平视	5分	
	肩平，挺胸收腹，上身微微前倾，不倚靠座椅的背部	5分	
	座椅面2/3	5分	
	男：双手自然地放于两腿上 女：双手相叠放于一腿上	5分	
	男：双腿分开间距不超过肩宽 女：双膝紧靠，不分开，可用斜放式、交叉式坐姿	5分	
	入座、离座动作轻缓，左进右出	5分	
走姿	头正，肩平，上身挺直，挺胸收腹，两眼平视前方	5分	
	两臂自然弯曲，自然地前后摆动，摆幅为 30°～35°	5分	
	两脚跟走在一条直线上，脚尖偏离中心线约10°	5分	
	步幅：前脚的脚跟与后脚的脚尖相距一脚长	5分	
	步速：每分钟为 60～100 步	5分	
蹲姿	一脚在前，另一脚稍后，不重叠	5分	
	下蹲时，前脚掌垂直于地面，全脚掌着地，控制平衡，避免摔倒	5分	
	男士：一般采用高低式蹲姿 女士：一般采用交叉式蹲姿，注意双腿并拢。女士着裙装时，下蹲前应事先整理裙摆	5分	

(续)

评分项目	评分标准	分值	得分
手势	接传物品：双手递接，附带说明性语言，语气温婉、客气	5分	
	引导手势：四指并拢，掌面朝上，语气温柔、亲切	5分	
	上下车礼仪：程序标准，开关车门轻柔，语言得体	5分	
合计		100分	
综合评语			

二、仪容仪表

1. 头发

专业的汽车销售人员要求头发洁净、整齐、无头皮屑，不做奇异的发型。对于男性销售人员，发型款式大方，不怪异，长短适中，头发干净整洁，染发无太大反差，无汗味，不抹过多的发胶以防把头发弄得像刺一样硬，发梢要修剪干净，不允许留长发和光头。对于女性销售人员，要求不留长过肩部的披肩发，如果平时留长发的女性，工作时应将长发盘在脑后显出职业化。同时，女性也不宜用华丽头饰。从专业的角度看，头发的处理要遵循：前发不覆额，侧发不掩耳，后发不及领。图 2-10 所示为商务礼仪中的仪容仪表。

图 2-10　商务礼仪中的仪容仪表

2. 面部

不论是男性销售人员还是女性销售人员，均要求脸面洁净。为了表示对客户的尊重。女性销售人员还需适度化妆，但施粉要适度，不留痕迹。女性销售人员在妆容方面应该选择一种趋于自然的美，通过恰当的淡妆来实现，给人以大方、悦目、清新的感觉；应清淡自然，似有若无，切忌浓妆艳抹。男性销售人员应适当涂些护肤品，不要让脸上皮肤太干涩或油光满面。

3. 手部

在销售中经常会与客户进行手的接触（如握手），因而要求随时保持手的洁净，指甲应经常修理，保持整齐，不留长指甲。搽一些护手霜，保持手的湿润、柔软。对于女性销售人员，不涂艳色指甲油，不戴除结婚戒指以外的其他戒指。

4. 服装

着装三色原则：全身颜色尽量限制在三种以内。

汽车销售人员工作中要穿制服，一般为穿着衬衫，打领带，外套制服，仪表整洁并佩戴名牌。现在各品牌汽车销售与服务的4S店都要求销售人员统一着装，一般以深色西装为主，这对于轿车的销售而言，能够与产品相呼应，融为一体。男士着西装时，应拆除衣袖上的商标，熨烫平整，扣好纽扣，不卷不挽，兜内少装东西；女士着西装时，要穿着合体，不要过松过大，注重服饰与服装的和谐。

5. 鞋袜

要求所穿鞋袜必须搭配得当，如果穿有带的皮鞋，应系好鞋带。应随时保持鞋面洁净亮泽，无尘土和污物，不宜钉铁掌，鞋跟不宜过高、过厚和怪异。袜子必须干净无异味，不能露出腿毛。男性销售人员不应该穿白色的袜子，以免分散顾客的注意力；女性销售人员应穿肉色短袜或长筒袜，袜子不要褪落和脱丝；不允许穿凉鞋和不穿袜子进入工作场所。

6. 仪容项目评分表

1）头部及手部腿部仪容项目评分表，见表2-2。

表2-2 头部及手部腿部仪容项目评分表

项 目	评分标准	分 值	得 分
头发	整洁，无头屑，无异味	5分	
	发型合适，梳理整齐，头发伏贴	10分	
	发色自然	5分	
	男：前不盖眉、侧不过耳、后不过领 女：前不盖眉、侧不过耳；长发盘发髻，佩戴发饰，发饰高度与耳朵高度持平；短发不能过肩	10分	
面部	眼睛清洁、无分泌物	5分	
	脸部清洁，鼻毛不外露	10分	
	口腔、牙齿清洁，无食品残留物、无异味	5分	
	男：每日剃须，不留胡子及长鬓角 女：宜淡妆修饰	5分	
	室内不戴深色眼镜	5分	
手部	手部清洁	10分	
	指甲修剪整齐，不留长指甲	5分	
	不涂浓艳指甲油	5分	
腿部	脚趾不露于鞋外	5分	
	腿部保持清洁，袜子一天一换，不穿残破袜子	5分	
	不当众脱鞋、提鞋、抠脚	5分	
	不穿短裤，不露腿毛，女士穿丝袜，不可暴露光着的腿	5分	
合计		100分	
综合评语			

2）女士仪容项目评分表，见表2-3。

表2-3 女士仪容项目评分表

项 目	评分标准	分 值	得 分
上衣	平整挺括，合身得体	5分	
	较少使用饰物和花边进行点缀	5分	
	纽扣全部扣上	5分	
裙子/西裤	窄裙，裙子下摆在膝盖以下3~6cm	10分	
	西裤裤线清晰笔直，裤脚前面盖住鞋面中央，后至鞋跟中央		

(续)

项目	评分标准	分值	得分
衬衫	单色最佳	5分	
	衬衫的下摆掖入裙腰或裤腰之内	5分	
	衬衫的纽扣除最上面一粒可以不扣上,其他纽扣均扣好	5分	
丝巾	整洁挺括,造型优美	5分	
皮鞋	鞋子颜色与衣服搭配,黑色最佳	5分	
	款式简洁,浅口造型	5分	
	不露脚趾	5分	
	粗跟鞋、高跟鞋或中跟鞋,高度约5cm以下	5分	
袜子	袜子颜色与衣服搭配,肉色最佳	5分	
	袜式简单,不能选择鲜艳、带有网格或有明显花纹的丝袜	5分	
	着裙装应穿长筒袜或连裤袜,裤装穿肉色丝袜	5分	
	袜口不露在裙子或裤子外面	5分	
佩戴徽章	除手表外最好不佩戴其他饰品	5分	
	手表佩戴在左手腕	5分	
	工号牌佩戴在左胸前正上方,如果是吊牌可直接挂于脖子上	5分	
合计		100分	
综合评语			

3)男士仪容项目评分表,见表2-4。

表2-4 男士仪容项目评分表

项目	评分标准	分值	得分
上衣	衣长刚好到臀部下缘或差不多到手自然下垂后的拇指尖端位置;袖长到手掌虎口处	5分	
	肩宽以探出肩角2cm左右为宜	5分	
	胸围以扣上纽扣后,衣服与腹部之间可以容下一个拳头大小为宜	5分	
西裤	裤线清晰笔直	5分	
	裤脚前面盖住鞋面中央,后至鞋跟中央	5分	
衬衫	颜色以单色为宜	5分	
	衬衫领子挺括;衬衫下摆塞在裤腰内,扣好领扣和袖扣	5分	
	衬衫领口和袖口要长于西装上装领口和袖口1~2cm	5分	
领带	图案以几何图案或纯色为宜	5分	
	领结饱满,与衬衫领口吻合	5分	
	领带系好后大箭头垂到皮带扣处	5分	
腰带	黑色或深色,牛皮材质	5分	
	皮带扣大小适中,样式和图案简单大方	5分	
皮鞋	深色皮鞋	5分	
	造型简单规整,鞋面光滑亮泽	5分	
袜子	深色	5分	
	袜口以坐下跷起腿后不露出皮肤为宜	5分	

模块二　商务礼仪

(续)

项　目	评分标准	分　值	得　分
佩戴徽章	除手表外最好不佩戴其他饰品	5分	
	手表佩戴在左手腕	5分	
	工号牌佩戴在左胸前的兜口正上方，如果是吊牌可直接挂于脖子上	5分	
合计		100分	
综合评语			

单元二　行　为　礼　仪

在客户进入销售店后，销售人员面对客户接下来进行的一系列商务行为包括相互介绍、名片交换、握手等。

一、相互介绍

1. 自我介绍

汽车销售人员每天要与各种各样的陌生人打交道，要经常进行自我介绍。

（1）自我介绍的内容　简短而完整，说出单位、职务、姓名，并顺势给对方提供一个自我介绍的机会。如：您好！我是××4S汽车销售公司的销售顾问，我叫甘××。请问，（我应该）怎样称呼您呢？

（2）自我介绍时的仪态　可将右手放在自己左胸上，不要用手指指着自己说话。如方便，可握住对方的手做介绍；有名片的，可在说出姓名后递上名片。

（3）自我介绍时的表情　坦然、亲切、大方，面带微笑，眼睛看着对方或是大家，不可不知所措或者随随便便、满不在乎。

【案例2-1】

销售人员："您好，欢迎光临阳光丰田店！我是这里的销售顾问李春利。这是我的名片，叫我小李就行了。请问先生怎么称呼？"

客户："我也姓李。"

销售人员："那我们是本家啊。我卖车已经5年了，很乐意为您服务。买不买车没关系，我会尽我的所能为您提供帮助。"

客户："……"

2. 介绍他人

介绍他人，是作为第三方为彼此不相识的双方引见、介绍的一种介绍方式。介绍他人通常是双向的，即将被介绍者双方各自均做一番介绍。

介绍他人时要注意顺序，要掌握优先权的原则——尊者居后。向尊者介绍对方，以表示对尊者的敬重之意。

1）介绍陌生男女相识。通常情况下，先把男士介绍给女士认识。如果男士的年纪比女士大很多时，则应将女士介绍给男士长者，以表示对长者的尊重。

2）先把晚辈介绍给长辈，后把长辈介绍给晚辈。

介绍他人时的行为要点如下：

1）介绍人应起立，行至被介绍人之间。在介绍一方时，应微笑着用自己的视线把另一方的注意力引导过来。手的正确姿态应是手指并拢，掌心向上，胳膊略向外伸，指向被介绍者，但绝对不要用手指去对被介绍者指指点点。

2）注意陈述的时间宜短不宜长，内容宜简不宜繁。通常的做法是连姓带名加上尊称、敬语。较为正式的话，可以说："尊敬的黄某某先生，请允许我把李某某介绍给您。"比较随便一些的话，可以略去敬语与被介绍人的名字，如"黄小姐，让我来给您介绍一下，这位是李先生。"

3）作为被介绍者，应该表现出结识对方的热情。被介绍时，应该面向对方并注视对方，不要东张西望，心不在焉，或是羞怯得不敢抬头。介绍完毕，被介绍的双方应该相互以礼貌语言向对方问候或微笑点头致意。

4）介绍者为被介绍者做介绍之前，一定要征求被介绍双方的意见，切勿上去开口即讲，让被介绍者感到措手不及。

5）如果需要把一个人介绍给众多的在场者时，最好能够按照一定的次序。如采取自左至右或自右至左等方式依次进行。态度要热情友好、认认真真，不要给人以敷衍了事或油腔滑调的感觉。

3. 接受介绍

对于接受介绍的情况，在商务场合中，不论以介绍人还是以被介绍人的身份出现，当事人的言行举止都暴露在众人的注意力之下。作为汽车销售人员应该注意下列态度和行为：

（1）起立　在介绍或接受介绍时，无论是男士还是女士都要起立，尤其是介绍长辈时。但在会谈进行中可不必起立，被介绍者只要面带微笑并欠身致意即可。

（2）握手　一般在相互介绍和会面时握手，寒暄致意。

二、名片交换

在商务礼仪中，相互交换名片是经常出现的一个环节，汽车销售人员在与客户初次见面并与对方握手寒暄之后，应递上自己的名片。

1. 名片交换顺序

遇到一同来店的多位顾客时应先将名片递给职务较高或年龄较大者，如分不清职务高低或年龄大小时，则可先和自己对面左侧的人交换名片。

2. 递名片方法

手指并拢，将名片放在手掌上，双手用拇指夹住名片的左或右端，面带微笑，注视对方，恭敬地将名片送到客户胸前。名片的名字对向客户，使客户接到名片时就可以正读，不必翻转过来。或食指弯曲与拇指夹住名片递上，或双手食指和拇指分别夹住名片左右两端，同样名字对向客户。

3. 接名片的方法

空手的时候必须以双手接受。接受后要马上过目，不可随便看一眼或有怠慢的表示。初次见面，一次同时接受多张名片时，要记住哪张名片是哪位先生或女士的。

4. 名片使用注意事项

1）名片的放置位置。名片可以放在衬衣的左侧口袋或西装的内侧口袋，也可以放在随行包的外侧，口袋不能因放置名片而鼓起来。不要将名片放在裤袋或西裤的后兜中。要养成一个基本的习惯：会客前检查和确认名片夹内是否有足够的名片。

2）接受名片后应把对方的名片放入自己的名片夹中，要注意不要无意识地把玩对方的名片。不要把对方的名片放入裤兜里。不要当场在对方的名片上写备忘事情。在一般情况下，不要伸手向别人讨名片，必须讨名片时应以请求的口气，如"您方便的话，请给我一张名片，以便日后联系。"

3）名片发送时，与其发送一张破损或脏污的名片，不如不送。应将名片收好，整齐地放在名片夹、盒或口袋中，以免名片毁损。破旧名片应尽早丢弃。

图2-11所示为商务礼仪中的接递名片。

图2-11　商务礼仪中的接递名片

三、握手

1. 握手顺序

与多人握手时，遵循先尊后卑、先长后幼、先女后男的原则。

2. 握手方法

握手时要保持手的清洁、干燥和温暖，要注意先问候再握手。伸出右手时，手掌应呈垂直状态，五指并用，与对方握手时间不超过3s；握手时应眼光平视对方，不能左顾右盼；握手时用力要适度，切忌手脏、手湿、手凉和用力过大。与女性握手时用力要轻、时间要短，不可长时间握住女性的手；握手时掌心应向上，以示谦虚和尊重，切忌掌心向下；为了表示对顾客的格外尊重和亲密，可以双手与对方握手。图2-12所示为商务礼仪中的握手。

图2-12　商务礼仪中的握手

3. 握手注意事项

1）切记不要用左手握手。

2）不能戴手套握手或握完手后擦手。

3）按顺序握手，不可越过其他人正在相握的手去同另外一个人握手。

四、领带打法

1. 领带的种类

常用的领带打法有四手结、半温莎结、温莎结、谢尔比结等。

（1）四手结　也称单结，是领带结的古典形式。这是最常用的一种结法，打结和解结都非常容易。对大部分的领带和几乎所有的衬衫领都非常适合，多用于比较厚的领带，否则结很小。

（2）半温莎结　半温莎结较温莎结稍薄，做起来也更容易。它非常适合细领带、优质的丝织品和敞开的衣领。

（3）温莎结　温莎结是种非常英国式的领带结法。它体积大，因此适合系在分得很开的衣领上（如意大利衣领）和很细的领带上。

（4）谢尔比结　也叫作普瑞特结，是一种看起来外观匀整、适合大多数衬衫和场合的领带结。

2. 领带的打法

（1）四手结（单结）　四手结打法如图 2-13 所示。

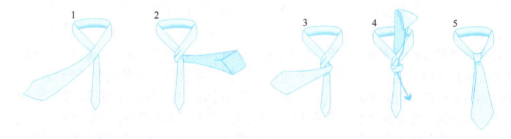

图 2-13　四手结打法

（2）半温莎结　半温莎结较温莎结稍薄，打法如图 2-14 所示。

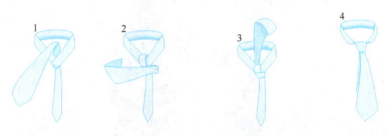

图 2-14　半温莎结打法

（3）温莎结　这种结要非常对称地打才能成功。操作起来有点复杂，打法如图 2-15 所示。

模块二 商务礼仪

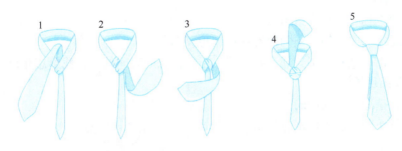

图 2-15 温莎结打法

（4）谢尔比结 打法如图 2-16 所示。

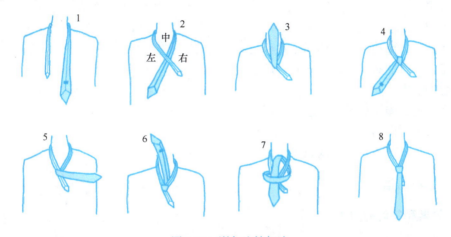

图 2-16 谢尔比结打法

单元三 语言规范和电话使用礼仪

在汽车销售过程中，销售人员不仅要掌握说话的技巧，还需要掌握一定的语言规范。要求语言简洁明了、用语准确、文雅礼貌、注意分寸。谈吐要得体规范，落落大方。

规范的商务语言包括欢迎用语、询问用语、招待介绍用语、道歉用语、赞扬用语、道别用语、称谓用语、请顾客稍等时的用语、离开顾客时的用语、打断顾客话时的用语、客户催促时的用语、客户抱怨时的用语、顾客拒绝时的用语、麻烦顾客时的用语、回答自己不知道的事时的用语、电话使用礼仪等。

一、礼貌用语

1. 欢迎用语

"欢迎光临！"

"请进，欢迎光临××专卖店！"

"您好，想看什么样的车？"

"请坐，我给您介绍一下这个车型的优点。"

2. 询问用语

"请问您怎么称呼？我能帮您做点什么？"

"请问您是第一次来吗？是随便看看还是想买车？"

"我们刚推出一款新车型，您不妨看看。不耽误您的时间的话，我给您介绍一下好吗？"

3. 招待介绍用语

"请喝茶，请您看看我们的资料。"

"关于这款车的性能和价格有什么不明白的您请问。"

4. 道歉用语

"对不起，这种型号的车刚卖完，不过一有货我可以马上通知您。"

"不好意思，您的话我还没有听明白。"

"请您稍等。"

5. 赞扬用语

"像您这样的成功人士，选择这款车是最合适的。"

"您是我见过的对汽车最熟悉的客户了。"

6. 道别用语

"请您慢走，多谢惠顾，欢迎下次再来！"

"有什么不明白的地方，请您随时给我打电话。"

"买不买车没有关系，能认识您我很高兴。"

二、文明用语

1. 请顾客稍等时的用语

"对不起，请稍等。"

"对不起，请在这里稍等一下。"

2. 离开顾客时的用语

"对不起，失陪一下。"

"真对不起，请稍等一下。"

3. 打断顾客话时的用语

"对不起，我能不能插一句……"

4. 客户催促时的用语

"对不起，马上就好了，请多包涵。"

"对不起，请再稍等一下。"

5. 顾客抱怨时的用语

"您说得对，非常抱歉，以后会特别注意。"

"我马上查查看，请稍等。"

6. 拒绝顾客时的用语

"真不凑巧……"

"非常对不起……"

7. 麻烦顾客时的用语

"非常过意不去，请您……"

"麻烦您了。"

8. 回答自己不知道的事时的用语

"这方面我不太清楚，请稍等一下，我去问问看。"

"目前我无法马上回答，能否稍后再回答您的问题？"

三、电话使用礼仪

电话使用礼仪，是指对使用电话的人规定一系列的约定俗成的规则，目的是使电话成为更有效的与人们打交道的工具。

电话使用礼仪包括接听电话、让打电话的人等候、接转电话、记录留言、结束通话等方面。

1. 接听电话

1）接打电话时，要坐端正，不要嚼口香糖、吃东西或喝水，否则客户会感觉到你是在敷衍了事。

2）接打电话前，要准备好笔和记事本，以便通话时记下要点。

3）电话来时，听到铃声，要在三声内接听。通话时先问候，并自报公司、部门。对方讲述时要留心听，并记下要点。未听清时，及时告诉对方。结束时礼貌道别，待对方切断电话，自己再放下话筒。

4）在接打电话时，语音要亲切、自然、吐字较慢而又清楚。接听电话时要认真专心倾听，问答时简明扼要。

5）客户来电话查询，应热情帮助解决问题，如不能马上回答，应与来电话的客户讲明等候时间，以免对方久等而引起误会。

2. 让打电话的人等候

1）询问客户是否可以等候。

2）等待客户的答复。

3）告诉客户让他们等候的原因。

4）提供等候时间的信息。

5）回到这条线路后，要对客户的等候表示感谢。

3. 接转电话

1）向客户解释接转电话的原因以及转给何人。

2）询问客户是否介意把他的电话接转到他处。

3）在挂电话之前，要确定转过去的电话有人接听。

4）要把来电人的姓名和事由告诉即将接听电话的人。

4. 记录留言

1）从积极的方面解释要找的人不在的原因。

2）在询问来电人姓名之前，先要告诉他要找的人在不在。

3）说出你的同事回来的大概时间。

4）记下所有重要的信息。

5. 结束通话

1）重复已采取的行动步骤，以确保双方都同意要做的事情。

2）询问客户是否还需要其他帮助，这样做会给客户一个最后的机会来完成在通话过程中没有涉及的一些零星事务。

3）感谢来电人打来电话，而且让他知道你非常感谢他提出的问题，以引起你的重视。

4）让来电人先挂上电话。

5）一旦挂断电话，就立即记下有关重要信息，避免忙于他事而忘记了。

6. 接电话流程

接电话流程中有一些基本礼貌用语和相应的注意事项，见表2-5。

表2-5　接电话各流程的基本用语和注意事项

流　　程	基本用语范例	注意事项
1. 拿起电话听筒，并告知自己的公司、职位和姓名	"您好，××（公司）销售顾问×××" "您好，××部×××"；如上午10点以前可使用"早上好"；电话铃响应三声以上时应说"让您久等了，我是××部×××"	在电话铃响三声之内接起；在电话机旁准备好记录用的纸笔；接电话时，不使用"喂"回答；音量适度，不要过高；告知对方自己的姓名
2. 确认对方身份	"×先生，您好!"	必须对对方进行确认，如果是客户要表达感谢之意
3. 听取对方来电用意	"是""好的""清楚""明白"等	必要时应进行记录，谈话时不要离题
4. 确认	"请您再重复一遍""那么明天在××，9点钟见。"等	确认时间、地点、对象和事由，如果是传言必须记录下电话时间和留言人
5. 结束语	"清楚了""请放心""我一定转达""谢谢""再见"等	感谢客户来电和说"再见"之前要询问"您还有什么其他的要求吗?"
6. 放回电话听筒		等对方放下电话后再轻轻将听筒放回电话机上

7. 拨打电话流程和重点

（1）拨打电话各流程的基本用语和注意事项见表2-6。

表2-6　拨打电话各流程的基本用语和注意事项

流　　程	基本用语范例	注意事项
1. 准备		确认拨打电话对方的姓名、电话号码 准备好谈话的内容、说话的顺序 准备好所需的资料、文件等 明确通话所要达到的目的
2. 问候、告知自己的姓名	"您好！我是××公司××部的×××。"	一定要报出自己的公司、部门及姓名，讲话时要有礼貌
3. 确认电话对象	"请问××部的×××先生在吗?" "麻烦您，我要找×××先生。" "您好！我找××公司××部的×××。"	必须要确认电话的对象，经转接与要找的人通电话后，应重新问候
4. 电话内容	"今天打电话是想向您咨询一下关于××的事……"	应先将想要说的结果告诉对方 如果是比较复杂的事情，请对方做记录 对时间、地点、数字等进行准确的传达，说完后可总结所说内容的要点
5. 结束语	"谢谢""麻烦您""那就拜托您了"等	语气诚恳、态度和蔼
6. 放回电话听筒		等对方放下电话后再轻轻将听筒放回电话机上

模块二 商务礼仪

（2）拨打电话重点见表 2-7。

表 2-7 拨打电话重点

序　号	拨打电话重点
1	要考虑打电话的时间（对方此时是否有时间或者方便）
2	注意确认对方的电话号码、单位、姓名，以避免打错
3	准备好需要用到的资料、文件等
4	讲话的内容要有次序、简单、明了
5	注意通话时间不宜过长
6	要使用礼貌语言
7	外界的杂音或私语不能传入电话内
8	避免私人电话
9	要注意激发客户的兴趣
10	在处理拒绝时要先认同对方的观点，然后适当赞美，并且学会转移焦点，采用适当反问的方法

注意：讲电话时，如果发生掉线、中断等情况，应由打电话方重新拨打。

四、服务禁忌语

"问别人去！"

"听见没有！"

"我解决不了，你去找主管吧！"

"有完没完？"

"到底要不要，想好了没有？"

"叫唤什么，等会儿！"

"没看见我正忙着吗！"

"刚才和你说过怎么还问？"

"有意见找经理去！"

"那上边都写着，自己看！"

"没上班呢，等会儿再说！"

"不是告诉过你了吗，怎么还不明白？"

模 块 要 点

1. 规范的仪容仪表仪态是对销售人员最基本的要求。良好的仪容仪表对销售人员的形象、经销商的企业形象，乃至于所代理的汽车品牌形象都会产生积极影响。仪态部分包括站姿、坐姿、走姿、蹲姿、指引、行礼、视线等。仪容仪表部分包括头发、面部、指甲、服装、鞋袜等。

2. 在客户进入销售店后，销售人员面对客户接下来进行的一系列商务行为包括相互介绍、名片交换、握手等。

3. 常用的领带打法有四手结、半温莎结、温莎结、谢尔比结等。

4. 在汽车销售过程中，销售人员不仅要掌握说话的技巧，还需要掌握一定的语言规范。要求语言简洁明了、用语准确、文雅礼貌、注意分寸。谈吐要得体规范，落落大方。

5. 规范的商务语言包括欢迎用语、询问用语、招待介绍用语、道歉用语、赞扬用语、道别用语、称谓用语、请顾客稍等时的用语、离开顾客时的用语、打断顾客话时的用语、客户催促时的用语、客户抱怨时的用语、顾客拒绝时的用语、麻烦顾客时的用语、回答自己不知道的事时的用语、电话使用礼仪等。

6. 电话使用礼仪，是指对使用电话的人规定一系列的约定俗成的规则，目的是使电话成为更有效的与人们打交道的工具。

7. 电话使用礼仪包括接听电话、让打电话的人等候、接转电话、记录留言、结束通话等方面。

复习思考题

一、填空题
1. 在工作场合中，头发的处理要遵循：前发_____，侧发_____，后发_____。
2. 与多人握手时，遵循先_____后_____、先_____后_____、先_____后_____的原则。
3. 握手时切记不要用_____手握手。

二、判断题
1. 女性销售人员，可以留长过肩部的披肩发，工作时可以用华丽头饰将其束起。（   ）
2. 交换名片的顺序应是职位高的人先向职位低的人递名片。（   ）
3. 在介绍他人时要掌握优先权的原则，即"尊者优先"。（   ）

三、单项选择题
1. 入座时要轻，一般至少要坐满椅子的_____。
   A. 1/3　　　　　　B. 2/3　　　　　　C. 1/2
2. 展厅接待人员的行礼角度，30°表示_____。
   A. 欢迎光临　　　B. 谢谢光临　　　C. 请稍等一会儿
3. 男士着装原则：全身颜色尽量限制在_____种以内。
   A. 两　　　　　　B. 三　　　　　　C. 四

四、角色扮演
1. 模拟场景，进行站姿、坐姿、行礼、蹲姿等的演示训练，并参照评分表进行考核。
2. 设计场景，模拟客户与销售人员角色，练习寒暄语言的使用、自我介绍、名片交换、握手等环节的展厅接待要点。

五、针对领带的各种打法，使用"温莎结"进行考核。

模块三

展厅接待

学习目标：
- 了解展厅准备相关内容
- 掌握寒暄的相关知识
- 掌握沟通获得信息的相关知识

技能要求：
- 能熟练进行各种情形下客户的接近
- 能熟练进行客户接待后信息沟通

单元一　展厅准备

一、展厅环境

展厅环境即展厅氛围的营造非常重要，舒适、温馨的展厅能使客户的心情舒畅，有助于提高客户的满意度，增加成交机会。展厅环境准备主要从视觉、听觉和感觉三个方面来体现。

1. 视觉

在展厅的布置上要体现层次感，装修豪华、面积较大的汽车展厅应区分功能，如车辆展示区、洽谈区、休息区等，各个功能区要有区别地布置，在色彩的选择上要与季节、展车的颜色、展厅装修的主色调相结合，做到和谐而丰富，有些较高的展厅要布置一些屋顶的挂画或悬垂物，以增加整个展厅的空间感。

视觉营造方面最关键的是美感，各种装饰物料摆放要协调合理，色彩搭配要清新亮丽，可以在展厅摆放一些绿叶植物和鲜花来点缀。展厅的布置固然重要，但干净、整洁是关键，展厅在视觉上要给人以简约、高雅、洁净的感觉。

2. 听觉

展厅中要有背景音乐，最好是轻音乐，音量要控制为能听见，但不会影响交谈和接听电话，尽量不要播放流行歌曲。在展厅工作的员工说话的声音要控制，不能影响其他客人的谈话，播放宣传片时，一定要调到合适的音量，不能影响其他的客人。

3. 感觉

客户对销售人员和对经销店的信任往往起源于客户对经销店有一个良好的感觉，感觉包括：展厅的温度，夏天空调要足够凉，冬天要提前开暖气，使展厅有一个舒适的温度；展厅的灯光要明亮而柔和，对于主展区的车辆可以使用一些射灯，重点突出；提供最少四种饮料供客户选择，其中要包括冷饮和热饮；洽谈桌上还应该放置一些糖果和小点心，这些常常受到小朋友的喜爱；提供休息区，配置舒服的沙发，可以让客户安心地等候，报纸、杂志和上网服务能使客户有一个很好的消遣，使客户能更长时间地待在展厅，下雨天可以给客户提供免费的雨具，在门口铺上吸水垫，这些都能让客户感觉到人性化的服务。

二、销售工作夹

销售工作夹是销售人员在上班期间随身携带的一本非常有效的销售工具。销售人员在销售的过程中使用销售工作夹会让客户感觉更专业，同时在进行相关事项说明时，让销售人员的讲解更专业全面、更直观、更可信。

销售工作夹涵盖了销售业务中的几乎所有内容，主要包括订单、合同、商谈记录、车型技术参数和配置表、各种车型的试驾报告、报纸及杂志上的正面报道、保险报价表、精品报价表、按揭审批条件及还款计算表、计算器、竞争车型的对比资料、上牌的程序、保险的理赔程序、便笺纸、笔、名片等。

销售工作夹中的内容不是一成不变的，可根据需要将最新的信息补充进去，否则就容易出现差错。例如，银行利率已经调整了，销售工作夹中的还款计算表就要随之及时更新。

三、展示车辆

展示车辆的准备包括摆放位置、颜色搭配、车型搭配、车辆内部清洁及位置调整等。

1. 车辆摆放位置

要考虑为客户参观与操作提供方便；车辆的摆放角度，要让客户感觉错落有致，而不是凌乱无序。重点车型摆在合适醒目的位置，旗舰车型一定要突出它的位置。把需要特别展示的车辆停在一个展台上，其他的车辆都围着它，犹如众星拱月，还可以布置一些聚焦的灯光。

2. 车辆的颜色搭配

展示区域的车辆不能只有一种颜色，几种颜色搭配的效果会更好一些。

3. 车辆的型号搭配

同一个品牌的车，可能有不同的系列，如车型从小到大，有带天窗的，有不带的，有的是自动变速器，有的是手动变速器等，不同型号的车辆应搭配展示。

4. 车辆内部清洁

展车需每日全面清洁，无手纹，无水痕（包括发动机舱、排气管、车身、车门、门缝、玻璃、门拉手、前脸等部位）。由于车辆油漆非常光洁，车门把手都是镀铬的，表面很亮，手一触摸便会留下指纹，销售人员要随时随地按照规范保持车辆的清洁度。不能带有水迹，特别是车辆夹缝里的水迹尤其要注意擦干净，不能留有死角。

车辆要保持一尘不染，发动机舱盖打开以后，凡是视线可及的范围内都不允许有灰尘。轮毂中间的品牌标志应与地面成垂直或水平状态；轮胎导水槽内要保持清洁、无异物。

车是从外面开进展厅的，难免会在导水槽里面卡住一些石子等东西，这些东西都要去掉并将轮胎清洗干净；轮胎清洗干净后需用亮光剂处理；轮胎的下面使用垫板。很多专业的汽车公司都把自己专营汽车的标志印在垫板上，这样会给客户留下一个良好的整体感觉。

新车在出厂的时候，转向盘上都会有一个塑料套，还有的倒车镜、遮阳板也是用塑料套给套起来的，这些都应拿掉。

一般展车里面都会放一些脚垫，是怕客户脚上有灰弄脏了车子。每一个4S店都会事先制作好脚垫，例如本田的脚垫上面印有本田的标志，摆放的时候应注意标志的方向，同时要注意脚垫放正，脏了以后要及时更换。

5. 车辆的位置调整

1）调整好后视镜，使其处于一个合适的位置。

2）转向盘摆正并调到最高位置，如果太低，客户坐进去以后会感觉局促别扭。

3）将仪表盘上的时钟调校至标准的北京时间；确认各功能开关所处的合适位置并试用。

4）空调出风口在空调打开后有风。

5）确认收音机功能范围内的频道已调好，左右喇叭声道、音量也已调好，可以视客户的年龄、性别、爱好，为客户提供一些古典、流行、戏曲或轻音乐等光盘；确认已准备好各类风格的CD和VCD碟片。

6）前排座椅需调整到适当的距离，从侧面看必须是一致的，不能够一个前一个后，不能够一个靠背倾斜的角度大一点，一个靠背倾斜的角度小一些，且座位与转向盘也要有一个适当的距离，以方便客户的进出，如果两者距离太近了，客户坐进去不方便，这样会使客户有空间局促感，认为是驾驶空间小了，其实是那个座位太靠前的缘故。

7）后座椅安全带折好用橡皮筋扎起来塞到后座座位中间的缝里，留一半在外面。

8）行李箱整洁有序，无杂物。

9）安全警示牌应放在行李箱的正中间。

10）展车放置时间长了，蓄电池可能会亏电，要随时检查以保证蓄电池充足有电。

单元二 寒暄接近

寒暄是会晤双方见面时以相互问候为内容的应酬谈话，属于非正式交谈，本身没有多少实际意义。它的主要功能是打破彼此陌生的界限，缩短双方的感情距离，创造和谐的气氛，以利于正式话题的开始。说第一句话的原则是亲热、贴心、消除陌生感。

展厅接洽寒暄的目的就是说好客户进门的第一句话。当客户走进陌生的汽车展厅时，内心因缺乏安全感而处于防范戒备状态，寒暄就如同一颗润喉糖，瞬间就会给客户带来清凉和舒适的感觉，让双方的关系立即变得友好、融洽。

一、寒暄的常见类型和要求

寒暄的常见类型包括问候型、攀认型、关照型等。

1. 问候型

如"早上好！""欢迎光临！"

2. 攀认型

抓住双方共同的亲近点，以此为契机进行发挥性问候，从而达到与对方顺利接近的目的。如"听你的口音是潮汕地区的，我们是老乡啊。"

3. 关照型

关注客户的各种需求，在寒暄过程中不露痕迹地解决客户的疑问或疑难，如"天气很热啊，先坐下来吹下空调，喝杯饮料吧。"

寒暄的基本要求是切题自然，建立认同感，比如天气冷暖、精神状态、风土人情、热点新闻等大众化话题，从而达到调节气氛的效果。

二、初次见面的寒暄

当客户首次来到展厅时，除了让客户感受到销售人员的专业以外，首要的工作不是介绍产品，而是放松客户的心情，让他们渐渐地融入整个销售的环境中。接下来把握恰当的时机，让客户建立对品牌、车型、服务和汽车经销企业的认同。

【案例3-1】

销售：您好！欢迎光临！（鞠躬、微笑、点头致意）准备看什么样的车？

客户：随便看看……（径自走向样车旁边）

销售：先生（女士），您好！需要帮忙吗？

分析：

1. 当看到客户接近展厅入口处时，迎上去，表示出热情。此时，客户不一定会回应销售人员，更多地会朝样车所在的方向走去。表明客户还没有明确的购车目标，此时不要过早地打扰客户，以免让他们产生压力而迅速离开展厅。

2. 如果客户没有提出介绍汽车产品的要求，应不要过多地干扰客户，此时所面对的客户较多是还没有明确购车目标的。如果发现客户在样车旁边驻足时间较长，或伸手去拉车门把手时，应及时给予回应。此时，可以视客户的要求进行下一步的销售动作。

【案例3-2】

销售：您好！欢迎光临！（鞠躬、微笑、点头致意）准备看什么样的车？

客户：这款车怎么样？（边走到样车面前边指着样车）

销售：您真有眼光，凡是来我们展厅的朋友首先都会被这款车吸引，这也是我们这里卖得最好的一款车。

客户：那就介绍一下吧！

销售：这款车有十大卖点五大优势，如果要一一介绍的话，可能会占用您很多的时间。能否请教一下，当您准备购买一部车时，您会最先关注哪一点？

分析：

1. 如果客户做出询问某款车的回应，应迅速给予他们反应。这说明客户已经对某款车产生了兴趣。

模块三 展厅接待

2. 通过对客户的赞美，可以拉近与他们之间的距离，特别是强调这款车销量大，进一步增强客户对自己看法的信心。当客户提出介绍产品的要求时，请不要轻举妄动，要了解客户需求后再进行针对性介绍。

3. 进入产品展示之前，一定要注意弄清楚客户的关注点以及他们要求介绍产品的真实意图——是想了解产品还是想寻求某种答案，以便展开有的放矢的介绍。由于客户的目的不同，介绍的方式与"对话"内容也会有很大的差异。

总之，客户初次来到展厅，最重要的是让他们适应这里的环境，借机寻求销售的机会。

三、再次会面的寒暄

当客户再次回到展厅时，说明客户已经开始进入到购买目标明确的阶段，表明他们正在考虑是否把当前的汽车产品纳入到他们选择的范围，还有一些影响他们决策的因素需要进一步明确。此时，洽谈的重点是：他们会在什么样的范围内选择？影响选择的因素有哪些？对于产品服务，还有哪些地方不满意，还有哪些地方让他们担心？只有把这些问题一一弄清楚，才能推进销售的进程，向成交的方向迈进。

【案例3-3】
　　销售：您好！张大哥，欢迎再次光临！（握手、微笑）这几天我们几位同事都在谈到您，说好几天都没有见到您了。
　　客户：真的吗？正好出差去了。
　　销售：今天准备再了解哪一款车呢？
　　客户：旗舰型，怎么样？现在有哪些优惠了？
　　销售：张大哥，这几天我一直想打电话给您。你上次看中的那款车自上市以来一直热销。这不，昨天刚到了10辆车，今天一大早就提走了3辆，下午还有2辆要现货。我还担心要是您来迟了没车交付，还真对不住朋友呢。
　　客户：这么好卖啊！不会吧？
　　销售：还真没想到，这几天买车的人会那么多，还真有点招架不住了。怎么样，您最后定了哪个价位的？
　　客户：还没定！还有些问题没有弄清楚。
　　销售：是哪些问题让您下不了决心呢？
　　客户：主要是……
　　销售：张大哥，我还以为是什么大问题呢！您担心的这些都不是问题，您看……我说的没错吧！还犹豫什么？
　　分析：
　　1. 当看到客户再次回到展厅时，除了迅速到展厅入口处接待，还要叫得出客户的姓氏或职务，与客户握手，表示出热情，拉近双方的距离。
　　2. 一些轻松的话题会使双方后续的沟通变得更轻松。
　　3. 试探客户的需求和购车欲望的强度。明确是否与上次洽谈时客户关注的车型一致，如果一致，找出还未下决心的原因；如果不一致，说明客户调整了购买的目标，需进一步强化客户对新选定车型的认同。

4. 通过建立压力，让客户产生如果不尽快做决定，那么他们相中的车将会出现无车可提的后果。另外，通过"朋友"这个词汇强调与客户间的关系，利于后续的销售。

5. 给客户进一步施压，说话的时候要注意，如果展厅内的客人很少，甚至有空荡荡的感觉，那么施压的话就会让客户感觉是在说假话。如果展厅内客人很多，销售人员跑来跑去，这样表达的效果就会大大增强。

6. 诱导客户说出他们的难处、担心和问题。只要客户说出这样的话，销售机会就来了。记住：在客户表述他们的问题时，一定要用小本子记下来，等他们把问题和盘托出后，就可以进行下一步销售了。表明这些都不应该是影响客户购车的因素，然后把客户提出的问题一个个地抽丝剥茧，同时不断地向客户求证疑虑是否已经消除。如果消除，接下来就可以要求成交了。

【链接1】

客户来店为什么一言不发

客户来店后如果一言不发，肯定是有原因的。根据在4S店的观察和对客户的直接询问，发现有七个原因会导致客户不愿意说话。

1）客户已经疲惫不堪。这种情况一般发生在夏天天气热的时候，客户有可能在来到4S店之前，已经到别的店面去看过。购车也是一个很辛苦的过程，客户要上上下下仔细地看车，还要和那些训练有素的销售顾问"过招"，再在几家店之间来回转，再做产品比较，费力又费脑。有时甚至已过了正餐时间，客户仍饿着肚子，来店后已经很疲劳，所以不太愿意说话。

2）客户暂时还不想买车。客户只是有购车的计划，但并不着急，于是就到店里来看看车子。在还不打算购车的情况下来到店里，客户就不太愿意接近销售顾问。因为一旦和销售顾问过于接近之后，就有可能要接受销售顾问提供的服务，一旦接受了销售顾问提供的服务，就会在心里产生亏欠感，有心理压力，因此就干脆不和销售顾问说话，保持距离，让自己更安全。

3）客户已经对车子有所了解。有的客户甚至已经到竞争品牌的4S店去看过车子，听店内的销售人员说过某些方面的问题，于是来店后先一言不发，仔细观察，以验证之前接收的信息的准确度。这种客户一般要在有所发现之后，才会找销售人员交谈，以再一次确认自己的判断。

4）客户的自我意识比较强烈。这类客户是典型的控制型性格的人。这种性格类型的人总是不太愿意透露自己太多的信息，保持着一种神秘感，以使自己在别人面前掌握主动权。为保持自己的独立性，这类客户不太愿意和销售顾问说话，但是他会随时准备出击。

5）客户初到新环境，缺乏安全感。有的客户要先观察和熟悉一下环境，待适应下来之后，才会愿意和销售顾问交谈。这种客户不会轻易相信别人，属于典型的分析型性格，

模块三 展厅接待

脑子里总有很多疑问,但是他在对环境还没有熟悉之前一般不会主动出击,销售人员跟他说话,他也不会回应,他总是对销售顾问充满怀疑和有所顾忌。

6) 客户不是真正的有购车意向的客户。竞争对手的调查人员有可能会装作客户来店打探。这类人员进店后一般不敢说话,而是主动寻找产品资料自己看,然后看看这辆车,看看那辆车,一言不发。销售顾问上前询问,他都不理会,躲躲闪闪,不愿意正面回答问题,反倒会向销售顾问询问他自己感兴趣的问题。问完问题之后就不再说话,他害怕言多必失,被销售顾问识破他的身份。

7) 客户对接待他的销售顾问有排斥。这时候,问题一般出在销售顾问自己身上。例如有的销售顾问不太注意自己的形象,在发型、穿着、打扮、身上所佩戴的饰品或者体味、说话的语气和风格上不合客户的"胃口",客户就会对其产生抵触心理,予以排斥,自然就会一言不发。

【链接2】

如何让客户开口说话

经过对4S店的调查研究发现,面对那些来店后一言不发的客户,可以使用八种方法,尝试让其开口说话。

1) 客户来店时主动出门迎接。在前面已经介绍过这种方法。当客户经过保安亭时,保安会询问客户是到销售部门还是售后部门,客户回答之后才能通过。这时,保安就会通过对讲机告知4S店里的销售顾问,客户快到店门口的时候,就会有一名销售顾问从店里微笑着快步走出来,直接面对着客户递过他自己的名片,进行自我介绍,然后就询问客户的姓氏和称呼方法。这个方法非常有效,不仅直接给客户一种被热情接待的感觉,更重要的是,这一举动为与客户展开沟通奠定下很好的基础。

2) 提出简单易答的问题。当客户一进店来,销售顾问就可以上前做自我介绍,介绍完之后可以询问客户一些封闭式的问题。例如可以问客户是来看车还是找人,是第一次来店还是第二次来店,是看两厢车还是三厢车。这样的封闭式问题,只要求客户做出简单的选择,几乎没有难度,连续问三个以上这样的问题后,客户就会开始回答销售顾问的开放式问题,一旦回答了之后,就打破了僵局。

3) 细心观察客户的行为,找准切入点,主动上前说话。人们遇到自己在乎或者触动内心的东西时,自然就会激起说话的欲望。例如客户来店后,他对任何人不理不睬,没关系,让他自己先去看车,销售顾问也不要尾随得太紧,以免给客户造成心理压力和被监视的感觉。当客户出现三个标志性行为的时候,销售顾问就可以上去切入谈话了:一是客户站在车窗前往车内看时,二是客户拉开车门要上车时,三是向销售顾问示意需要帮助时。这时候和客户说话,得到回应的可能性往往会比较大。

4) 观察客户的神态。看他是否显示出疲惫状况,如果显示出很疲惫的状况,就上前去和客户说:"先生,您看起来有些累了,要是不着急看车,先坐下来休息一会吧。我去给您倒杯饮料,您是要开水还是咖啡?"这样做既体现了对客户的体贴关怀,又提出了简单易答的选择性问题,在这种情况下,客户一般也会做出应答,从而打破一言不发的僵局。

5)创造接触机会,一旦接触之后就有可能说话。比如销售顾问主动倒水给客户的时候,顺势寒暄说话,得到客户回应的可能性都会极大的提高。

6)主动递交资料给客户。在递交产品资料给客户的时候,一边递交给他,一边打开资料,给客户介绍资料上面的内容,如果客户不拒绝销售顾问的介绍,就不要停下来,继续讲,直到他/她打断或者提出问题。他一旦打断,也就意味着其注意力已经发生了转移或者被吸引住了,如果提出了问题,那么一言不发的僵局就会被打破,一破全破,销售顾问就可以和客户顺畅地聊起来。

7)更换销售顾问之后再接近客户说话。这个方法适合用来应对那些对原来接待他的销售顾问表现出不满意的客户。既然如此,那就换一个新的销售顾问去接待,换人之后,往往会收到意想不到的效果。

8)直接要求客户说话。客户进店之后,一直不说话,销售顾问就要注意时间,等客户大概来店十多分钟之后,就可以上前去,直接微笑着对客户说:"先生,我觉得您是一个很特别的人,从您一进来到现在都十一分钟了,一句话都没有说过,您是不是对我们的服务不太满意呀?"然后看看他的反应。如果他还是一言不发,再接着对他说:"先生,您就说一句话呗,要不您向我们提一个要求,或者批评一下我们,实在不行就提一个问题也可以。"销售顾问说这些话的时候,一定要始终保持着真诚的微笑,这样坚持一下,客户一般也会开口说话了。

单元三 沟通获得信息

与客户沟通的过程是一个双向的、互动的过程。销售人员需要通过提问和倾听来接收来自客户的信息,如果不能从客户那里获得必要的信息,那么销售人员的整个推销活动都将事倍功半。从客户一方来说,他们既需要在销售人员的介绍中获得产品或服务的相关信息,也需要通过接受销售人员的劝说来坚定购买信心。同时,他们还需要通过一定的陈述来表达自己的需求和意见,甚至有时候,他们还需要向销售人员倾诉自己遇到的难题等。

沟通的方式除了语言沟通,还包括非语言沟通。语言沟通包括倾听和提问,而非语言沟通主要指观察客户的肢体语言。

一、倾听

倾听客户的心声对推销来说是至关重要的,主要表现在以下三个方面:
1)倾听是对别人的一种尊重,要虚心地倾听。
2)倾听的同时才会有思考的空间,要清楚客户所表达的真正意图。
3)只有倾听才能走进客户的心灵,要有积极回应。

二、提问

提问是一种有效的说服方式。销售人员直接向顾客提问题,引起客户的注意和兴趣,引导客户去思考，并顺利转入正式面谈阶段，是一种有效的推销方式。

提问的类型及适用性如下：

1. 一般性问题

运用一般性问题收集客户的信息。例如：

"您在购车上有什么想法？"

"您现在开的是什么车？"

"您看过什么车呢？"

2. 辨识性问题

运用辨识性问题了解客户需求。例如：

"您购车的主要用途是什么？"

"你购车时会考虑哪些因素？"

3. 总结性问题

运用总结性问题确认客户需求。例如：

"我帮您总结一下……"

4. 鼓励性问题

这类问题用来鼓励客户发出更多的信息，问句十分简短，本身常常没有实际含义。例如，"是吗？""真的吗？""后来呢？"等。

5. 细节性问题

这类问题的作用与鼓励性问题一样，也是为了促使客户进一步表明观点、说明情况。但与鼓励性问题不同的是，细节性问题直接向顾客提出请求，请其说明。例如，"能否请您举例说明您的想法？""请告诉我更详细的情况，好吗？"

【案例3-4】

杨青是西安广州本田成功店的一名销售顾问，以下称"杨"，童先生是一名来看汽车的客户，以下称"童"。

（童走进店中）

杨：您好，先生，欢迎光临广州本田成功店。我是本店的销售顾问，我叫杨青，哦，这是我的名片。

（童接过名片）

杨：因为我皮肤颜色比较黑，您也可以叫我小黑，店里的伙伴都这么叫我。

（童笑了笑）

杨：先生请问您怎么称呼啊？

童：我姓童。

杨：哦，童先生啊，请问有什么能为您服务的吗？

童：嗯，我来看看车，请问有新飞度吗？

杨：（做了个手势）有啊，在那边呢。童先生，需要我陪您一起看呢，还是您想自己先看看？

童：让我自己先看看吧。

杨：好的，童先生，我就在这边服务台，有问题了随时叫我，很乐意为您服务。

(童先生径直走向新飞度)

童：小黑。

杨：(走过去)您好，童先生，有什么可以帮您的吗？

童：这个飞度多大排量啊？

杨：飞度分两个排量五个车型，1.3L和1.5L，价钱从8.68万元到12.98万元，不知您想看哪款？

童：还没有定哪款，我只是在大街上看到新飞度的样子挺时尚，具体的我还不是很了解。

杨：那这样吧，童先生，咱们去那边休息区，我给你拿一些资料，您可以详细了解一下，那边还有免费的饮料，好吗？

童：好的。

(用手势引导客户方位，拉开座椅引导客户坐下)

杨：(半蹲式)童先生，我们这里有免费的红茶、咖啡、矿泉水，不知您想喝哪一种？

童：给我来杯红茶。

杨：好的，一杯红茶。这是新飞度的资料，您先看着，我去给您准备红茶。

(两手端茶，手指不能太靠杯口)

杨：童先生，这是您的红茶，请慢用。(开始寒暄)童先生，您之前还到别的店看过吗？

童：有啊。

杨：呵呵！很少见皮肤像我这么黑的吧？店里的伙伴都叫我小黑，所以您也可以叫我小黑。

童：(笑了笑)也好着呢，男孩嘛，黑点也不难看啊。

杨：谢谢您，您帮我治愈了多年疗不好的心灵创伤，呵呵！其实我也不是一生下来就这么黑，没事老爱打篮球、游泳，就晒成这样子了。

童：多运动挺好的啊！

杨：那童先生，您平时喜欢什么运动啊？

童：我？有时和朋友去打打羽毛球，放假了去爬爬山之类的。

杨：对，平时在市区里待着多闷啊，周末出去爬爬山呼吸呼吸新鲜空气，多好啊！不过西安这地方山倒不多，您经常去哪里爬山啊？

童：是啊，西安没什么山。我们一般和同事开车去玩。开车就快多了，离开西安以后，山就多了。上回去四川，也就是9个小时就到了，星期天下午就回来了。

杨：呀，真羡慕你们的生活啊！劳逸结合的，那公司效益不错吧，对了，童先生您是做什么行业的啊？

童：嗯，我自己做生意，土建。

杨：土木建筑，这种生意可不是一般人能做得了的啊，需要很多现金周转的，我有个同学也是做土建的，刚刚开始做，他说做那个需要很多周转资金，比如说盖楼房需要垫资啊之类的，大一点的楼垫一层就得几百万啊，您真有实力，真是年轻有为啊！

> 童：呵呵！也不年轻了，都快40了。
> 杨：不像啊，我觉得您也就30出头的样子啊，真不像40，怪不得有句话叫30岁以后的男人才是最有魅力的男人。对了，童先生，您今天来看飞度，这台车不是给您看的吧？因为刚才看您开的君越。
> 童：这是给我爱人买的，她没事出去购物啊，接孩子啊，代步用。
> 杨：那可真是没有问题，飞度里面空间很大，代步、接孩子一点问题都没有，购物也没有问题，后面行李箱有四种模式呢。
> 童：是吗？哪四种模式啊？
> 杨：有实用模式、休息模式、超长模式、超高模式。这样吧，童先生，我现在就去给您演示一下，好吗？
> 童：好的。
> ……
> 分析：通过自己的外貌比较黑而做谦虚状引起客户的好感，在打消客户的戒备心理后，运用寒暄语言，让客户逐渐感受到购车过程中的成就感，从而获得客户的信任。

三、读懂客户的肢体语言

肢体语言，是指在一些特定场合，交际者不用口头语言或书面语言，而是通过身体的某种动作来表情达意的一种交际手段。广义言之，肢体语言也包括前面所述的面部表情在内；狭义言之，肢体语言只包括身体与四肢所表达的意义。

1. 一些典型的肢体语言

眯着眼——不同意，厌恶，发怒或不欣赏。
走动——发脾气或受挫。
扭绞双手——紧张，不安或害怕。
向前倾——注意或感兴趣。
懒散地坐在椅中——无聊或轻松一下。
抬头挺胸——自信，果断。
坐在椅子边上——不安，厌烦或提高警觉。
坐不安稳——不安，厌烦，紧张或者是提高警觉。
正视对方——友善，诚恳，外向，有安全感，自信，笃定等。
避免目光接触——冷漠，逃避，不关心，没有安全感，消极，恐惧或紧张等。
点头——同意或者表示明白了，听懂了。
摇头——不同意，震惊或不相信。
晃动拳头——愤怒或富攻击性。
鼓掌——赞成或高兴。
打哈欠——厌烦。
轻拍肩背——鼓励，恭喜或安慰。
搔头——迷惑或不相信。

笑——同意或满意。

咬嘴唇——紧张，害怕或焦虑。

抖脚——紧张。

双手放在背后——愤怒，不欣赏，不同意，防御或攻击。

环抱双臂——愤怒，不欣赏，不同意，防御或攻击。

眉毛上扬——不相信或惊讶。

2. 身体不同部位的不同姿势表达的特定含义

心理学家把肢体语言称为身势学。下面来看看人身体不同部位的不同姿势所表达的特定含义。

（1）头部姿势

1）侧向一旁——说明对谈话有兴趣。

2）挺得笔直——说明对谈判和对话人持中立态度。

3）低头——说明对对方的谈话不感兴趣或持否定态度。

（2）肩部姿势

1）舒展——说明有决心和责任感。

2）耷拉——说明心情沉重，感到压抑。

3）收缩——说明心情烦躁。

4）耸起——说明处在惊恐之中。

（3）腿部姿势

1）一个人如果跷起二郎腿，两手交叉在胸前，收缩肩膀，则说明他已感到疲倦，对眼前的事不再感兴趣。

2）如果一个人坐在对面，跷起的腿呈一个角度，则说明他这个人很执拗，性格刚强和好斗。如果他还双手抱膝，则说明谈话结果很难预料，因为这个人不会让步，口齿伶俐，反应快，很难说服他。

3）如果一个人叉腿站着，说明不自信，紧张而不自然。人们在一个陌生而不舒适的场合多半爱这么站。

4）如果一个人是收紧脚踝站着，说明他在发火，并在千方百计控制自己。

（4）手部动作

1）在耳朵部位搔痒或轻揉耳朵——说明对方已不想再听。

2）用手指轻轻触摸脖子——说明对方对对话内容持怀疑或不同意的态度。

3）把手放在脑袋后边——说明对方有意辩论。

4）用手挡住嘴或稍稍触及嘴唇或鼻子——说明对方想隐藏内心的真实想法。

5）用手指敲击桌子——说明对方无聊或不耐烦（用脚敲击地板同此理）。

用手托腮，食指顶住太阳穴——说明对方在仔细斟酌对话内容。

一般性地用手托腮——说明对方觉得无聊，想放松放松。

轻轻抚摸下巴——说明对方在考虑做决定。

手指握成拳头——说明对方小心谨慎，情绪有些不佳。

手放在腰上——说明对方怀有敌意。

谈话中对方在仔细清除衣服上看不见的尘土——说明内心里不同意，但原因不说出来。

销售就是一个沟通交流的过程,没有与客户之间的有效沟通交流,再好的产品理念、产品卖点、产品价值、服务价值都很难充分地传达到客户心上。在销售过程中,客户来店后,不管他一言不发也好,滔滔不绝也好,销售人员都应该向客户提供热情周到的服务,同时辅以认真细致的观察,用心寻找客户在乎的或者触动他内心的东西,从而找到突破口。

模块要点

1. 展厅环境准备主要从视觉、听觉和感觉三个方面来体现。
2. 销售工作夹涵盖了销售业务中的几乎所有内容,主要包括订单、合同、商谈记录、车型技术参数和配置表、各种车型的试驾报告、报纸及杂志上的正面报道、保险报价表、精品报价表、按揭审批条件及还款计算表/计算器、竞争车型的对比资料、上牌的程序、保险的理赔程序、便笺纸、笔、名片等。
3. 展示车辆的准备包括摆放位置、颜色搭配、车型搭配、车辆内部清洁及位置调整等。
4. 寒暄的常见类型包括问候型、攀认型、关照型等。
5. 语言沟通包括倾听和提问。
6. 提问的类型包括一般性问题、辨识性问题、总结性问题、鼓励性问题及细节性问题。
7. 肢体语言是指在一些特定场合,交际者不用口头语言或书面语言,而是通过身体的某种动作来表情达意的一种交际手段。

复习思考题

一、填空题
1. 展厅环境准备包括_____、_____、_____三个方面。
2. 销售人员需要通过_____和_____来接收来自客户的信息。

二、简答题
销售人员的销售工作夹中可以放置很多重要的资料,请写出其中的十项。

三、角色扮演
将学生分组,分别扮演客户与销售顾问,按照指定场景,进行接待。

(1) 一位客户在展厅外盯着门口的新款车型海报打量了半天,既不推门进来,也没有离开的意思。销售人员注意到后,微笑着走过去,为客户拉开了展厅的大门……

(2) 客户走进展厅,四处张望着,一会儿看看这辆车,一会儿看看那辆车,销售人员微笑着迎了上去……

(3) 客户进门后,扫视了一眼展厅,然后大步走向展台上的一款车型,兴奋地摸了摸银色的车身,仔细地看着配置表……

(4) 客户在一款车前停下了脚步,看了几眼后,向销售人员招了招手,直接就询问这款车售价是多少……

模块四

需求分析

 学习目标：
- 了解不同客户类型的表现
- 掌握需求分析的工作内容
- 掌握了解客户需求的方法

 技能要求：
- 能熟练应对不同客户类型
- 能熟练进行客户需求探寻

单元一　需求分析概述

一、需求分析的概念

所谓需求分析，是指了解客户的需求，通过适当的提问，鼓励客户发言，使客户感受到"被尊重"，充分自主地表达他的需求的过程。需求分析只是整个汽车销售流程中的一个环节，然而这个环节却是最为关键的环节。需求分析做不好，整个销售流程从此就断了，无法再进行下去。

需求分析的意义在于，详细准确的需求分析是满足客户需求的基础。要满足客户需求有许多工作做，而详细准确的需求分析是"重中之重"。这份需求分析既要详细，更要准确。另外，需求分析也是保证产品介绍有针对性的前提。从整个销售流程来看，需求分析的下一个环节就是商品说明，即产品介绍。要想使产品介绍非常有针对性，就必须有一份详细而准确的需求分析。否则，就会事倍功半，或者是无功而返。

二、客户类型

做好需求分析，需要与客户有良好的沟通，先要了解客户类型。客户类型可分为主导型、分析型、社交型和沉默型四种。

1. 主导型

（1）表现　性格开朗并且喜欢做决定，自信，总力图支配周围的人和事；喜欢发表自己的看法，不太注重细节；喜欢谈论自己，知道自己想要什么。

（2）应对　言辞简单、扼要，不要试图改变其想法，可在提高其品位方面做文章，对客户表示尊重并引导。

2. 分析型

（1）表现　思维周密，态度严谨，喜欢做决定。准备工作充分，关心细节。总是喜欢寻找逻辑性的辩论和证据。分析型的人对细节很关心，但有时也会顾此失彼，看不到大局。

（2）应对　若分析型的人需要详细情况、理性的理论依据，就提供给他；在发生争论时销售人员要有事实根据，给出详细的回答，以满足对方追求完美的心态。

3. 社交型

（1）表现　喜欢跟随别人，性格有可能开朗或内向。喜欢接触新事物，追求新潮流，购买新产品。他们的决定与反应都是跟着别人的。喜欢得到别人的认同，对自己的目标有时会有点不确定。

（2）应对　多一些产品操作展示活动，洽谈过程中聊得气氛很好时要适时引导进入销售主题。

4. 沉默型

（1）表现　这一类型客户在整个销售过程中表现消极，对推销冷淡。

（2）应对　客户的不擅辞令会使整个局面僵持，这时汽车销售人员可以提出一些简单的问题刺激客户的谈话欲。客户对面前的汽车产品缺乏专业知识并且兴趣不高，汽车销售人员此时一定要避免讨论技术性问题，而应该就其功能进行解说，打破沉默。客户由于考虑问题过多而陷入沉默，这时不妨给客户一定的时间去思考，然后提一些诱导性的问题试着让客户将疑虑讲出来。客户如果由于讨厌汽车销售人员而沉默，汽车销售人员这时最好反省一下自己，找出问题的根源，如能当时解决则迅速调整，如问题不易解决则先离开，以备再试成功。

单元二　需求分析的工作内容

一、需求分析的重要性

有需求才有购买意愿，有购买意愿才有购买行为。只有找准客户的购买需求，才能把准客户的脉搏，对症下药、有针对性地为客户推荐产品、介绍产品的卖点。

【案例 4-1】

不当的"销售对话"

销售：（看见客户走进展厅，急忙迎了上去）您好，我是这里的销售顾问小李，欢迎您的到来。准备要买什么样的车？

客户：随便看看（接着走到了展车面前）。

销售：（跟了过去，站在客户旁边）这是刚上市不久的新款，装备了只有高档车才有的ESP，氙气随动转向前照灯，是目前同级车中最具有竞争力的一款高性价比的车。

客户：（没有作声拉开了车门，坐在了驾驶座上）

销售：这是十方向的电动座椅，可以上下、左右、前后、俯仰进行调节……（客户每走到一个新的位置，该销售人员都会做相应的介绍）

客户：（仍然没有作声，浏览一圈后准备离开展厅）

销售：（追了上去）这位先生，能留个电话吗？

客户：（扭过头来）不用了，需要的时候我会找你们的。

销售：（递上名片）这是我的名片，如果有需要请打电话给我。

客户：（头也不回地离开了展厅）

分析：

1. 客户第一次走进展厅时，在没有弄清客户的真实意图时，最好不要用"买"这样的字眼，弄不好会增加客户内心的压力。此时，可以用"看"这样的字眼。

2. "随便看看"表明客户希望与销售人员保持一定的距离，不愿意被打扰。

3. 在没有弄清楚客户真实意图时就开始介绍产品，只会适得其反，弄不好还会增加客户的抵触情绪。

4. 客户没有表态并非说明他认同了销售人员的介绍。这位销售人员还在继续做错误的销售动作，就是在不了解客户需求的情况下就贸然进行产品推荐。客户的态度与动作再次表明了他对销售人员的介绍缺乏兴趣。

【案例4-2】

正确的销售"对话"

销售：（看见客户走进展厅，急忙迎了上去）您好，我是这里的销售顾问小李，欢迎您的到来。准备要看什么样的车？

客户：随便看看（接着走到了展车面前）。

销售：（只需在离客户约一米的距离，不要过早打扰客户。如果发现客户在某个位置停留时间较长或回头时，要尽快上前）这位先生，看来您对这款车非常有兴趣。

客户：发动机是哪里生产的？

销售：看来您很专业！一般首先问到发动机的朋友都是汽车方面的专家（停顿）。

客户：哪里啦，只是知道一点。

销售：我们这款车的发动机是德国原装发动机，动力性非常卓越。不过，我想请教一下，您之前接触过这款车吗？

客户：在互联网上看过，还没有见过实车。

销售：那您有没有接触过其他同级的车呢？

客户：我刚从隔壁的展厅过来，听他们介绍过××款车，相当不错，特别是发动机。

销售：这样说来，如果今后您要买车的话，发动机是您首先要考虑的问题啦？

客户：以前开过××牌的车，对该车的发动机印象比较深。

销售：这样看来，您更是一个汽车方面的专家，××牌的车不错，如果您准备自己买车的话，会考虑那款车吗？

客户：当然，如果有发动机比那款车更好的，我当然会考虑。

销售：这里，我想请教一下，今后您自己要开的车价格会在多少范围内？
客户：40万~50万元吧！
分析：
1. 正确的开场白与陈述内容，特别是"看"的应用，较好地把握了客户的心态。
2. 适当的距离与恰当时机的询问，不仅能够消除客户的紧张情绪，还能拉近与客户的距离。
3. 客户提出了自己的问题，这也表明了该问题是他购车时会首先考虑的。
4. 对客户及时的赞美，同时适当的停顿以给予客户思考的空间，也利于销售人员决定下一步应该说什么。
5. 在没了解客户详细需求时，简明扼要地回答客户的问题，此时千万不要走入销售的误区，即在不了解客户真实意图时就进入到汽车产品的展示阶段。此时还不是展示产品的时机。
6. 了解客户对竞品的认知情况以及认同情况，是制定后续销售策略的基础。客户表明他刚接触到的竞品相当不错，尤其是对发动机的印象，此时，销售人员初步明确了客户的选择范围。对客户的需求进行诊断，确认发动机是否是客户选车时优先考虑的问题。如果自己的汽车发动机在同级车中具有优势，那么今后的销售中就应该强调这种优势；如果不具备优势，那么今后的销售就要设法转换客户的选择重点。

二、需求分析的工作内容及需要注意的问题

1. 客户需求的种类

客户已经明确的需求是构成销售的基础，弄清客户真正的需求是非常重要的。从需求的表象到实质，不论客户自己是否意识到，不论客户买什么品质、什么价位、什么品牌、什么功能、什么配置的汽车，客户的需求表现可以归纳为以下两类：

（1）显性需求　即客户自己说出来的需求。通过客户的表达，销售人员可以清楚地知道他们需要买什么样的汽车，但符合这个条件的汽车并不一定完全能解决客户问题。例如，"我买的这部车品质要好、性价比要高"，表明的是客户对汽车的品质和价格方面的要求。

（2）隐性需求　即客户没有说出来的需求。一般是指能够满足客户什么样的心理需求，这是客户做出购车决定前比较关键的问题。例："这部车开起来能让我受到很多人的关注、赞美和羡慕，能显示我的实力。""我到了销售店后要有人认真倾听我的谈话，理解我，不要总是向我推销"等。随着汽车销售服务市场的竞争日益激烈，更多的客户在买车前对服务都给予了更高的期待。

2. 需求分析的任务

1）询问客户对本品牌车型的了解和认知
2）了解分析客户的购买动机、需求及用途
3）判定意向、使用人、决策人、影响人等信息
4）了解客户关注的竞争品牌和有关车的问题
5）探询分析客户的预算和购买方式等信息
6）销售人员提供几套方案与客户在购买需求等方面达成共识

汽车商务礼仪与销售技巧

3. 需求分析中提问的种类

确认客户的需求主要是通过提问来完成的。

需求分析中的提问主要有两种：开放式提问和封闭式提问。

开放式提问主要目的在于收集信息，通常以谁、什么、何处、为什么等为疑问词，主要用来向顾客了解一些基本事实和情况，为后面的说服工作找到突破口。如"你们目前都在哪里看过车？""谁来用车？""你们主要注重哪些方面？"等。开放式提问是指提出比较概括、广泛、范围较大的问题，对回答的内容限制不严格，给对方以充分自由发挥余地的提问。这样的提问比较宽松，不唐突，也常得体。特点：常用于访谈的开头，可缩短双方心理、感情距离，但由于松散和自由，难以深挖。

封闭式提问主要目的在于确认信息，如"用这样的车跑长途，会不会很容易疲倦？""您喜欢红色还是白色？"封闭式提问是指提出问题的答案有唯一性，范围较小，对回答的内容有一定限制的提问。提问时，给对方一个框架，让对方在可选的几个答案中进行选择。这样的提问能够让回答者按照指定的思路去回答问题，而不至于跑题。

在需求获得信息的方法很重要。倾听是一种非常关键的方式。听的种类包括听而不闻、有选择地听和积极地听。听而不闻表示假装地听，积极地听表示专注地听并适时互动。

4. 需求分析应提出的问题及注意事项

进行需求分析时一般要问客户所侧重的车型和性能、客户购车的预算与动机、客户以往用车的状况、客户的职业等。具体地说，应包括：用车经历；参考车型；购车原因和用途；购车预算；对车的要求；购车的时间、使用的地点；购车人、用车人、决策人；付款方式；第几次来店、信息渠道、职业等。

需求分析中提出问题时要注意以下几点：首先，要精心准备问题的内容，提出的问题要达到什么目的，是否是多余的问题，是否是客户反感的问题，都要考虑清楚。其次，要能提出高质量的问题，所谓高质量的问题，也就是符合客户当时心态的、符合当时场景的、能准确反映客户需求的、真实的、没有水分的问题。最后，还要考虑提出问题的顺序，先问什么问题，再问什么问题，心里要有数。这对于一个有经验的销售顾问，是比较容易掌握的，但对于一个新手，却是个问题。有时候，提问的顺序一改变，可能效果会截然不同，甚至干脆就没有真正效果了。

5. 需求分析环节中的沟通障碍与清除

需求分析环节中的沟通障碍通常有来自客户的障碍和来自销售顾问的沟通障碍。

来自客户的障碍方面，首先，是客户类型。有些类型的客户，是不太好接近的，不易沟通的。从客户气质类型来说，如果客户是抑郁质的、多疑敏感、孤僻内向、不善交往、适应力差，这是销售顾问感到最头疼的客户类型。其次，是客户心态。今天客户不太高兴，脸阴沉着。这是带着"气"来的，带着"事"来的，销售顾问就要格外小心了。除了处处察言观色外，说话要特别注意。最后，是客户的不配合。不管销售顾问怎么"启发"，他就是启而不发；不管销售顾问怎么提开放式、封闭式问题，就是没有真话，遇到这种事，销售顾问就会感到麻烦。来自客户的沟通障碍，大多数是可以通过销售顾问过硬的能力（情商、沟通能力）化解掉的。这就要求所有的销售顾问培养和提高自己的情商与沟通能力。

来自销售顾问的沟通障碍一是销售顾问"积累"不够，知识、技能都还远远不够，就仓促上阵。二是销售顾问事先准备不足。提哪些问题，怎么提，提问的顺序如何，每个问题要达到什么目的,一旦客户不配合,或者客户给出难题怎么办,这些问题都没有心理准备。三是销售顾问不在状态,生活上、工作上遇到了难题,导致情绪波动。四是销售顾问生病了,勉强来上班,但是整个人体力、精力都不适合工作。五是销售顾问本身就不热爱这份工作,是被迫来做的。来自销售顾问自身的沟通障碍理论上全部都能解决,而最终解决关键要看销售顾问自己。例如,不爱这一行,那就趁早离开,去选择自己感兴趣的职业。排除这一点之外,就都好解决了。有病治病,养好身体再努力工作;"不在状态"要靠自己的心理调节;"事先准备不足"就要多下些功夫,把所有的问题准备足了;"积累"不够,不是一时的事情,要从选择了这个专业开始,就做"积累"的事。千里之行始于足下,用在这里最合适了。

【案例4-3】

分析客户购车的主要原因

汽车销售人员:您买车的主要用途是什么?

客户:上下班啊,我家离公司有一个小时的路程,公交车不方便,买辆车会好一些。

汽车销售人员:您这么年轻就可以拥有自己的私家车,真是让人羡慕呢。您有没有看好的车型呢?

客户:还没有。

汽车销售人员:如果您是为了上下班方便,而且对动力性能要求不是非常高的话,我建议您可以看一看1.6L排量的车型,这类车型经济实用……

单元三 了解客户需求的方法

销售人员要善于发现和满足客户的所思所想,尽可能深入地捕获客户的心理需求,从而最大限度地刺激客户的购买欲望,加快销售进程。

一、事先对客户可能面临的问题进行汇总

虽然每个客户所面临的问题都会有所不同,需求也会有所不同,但从大的方向来说,很多人所面临的问题归纳起来不过是几个方面而已,销售人员掌握了这几个方面,就可以对客户可能会有的需求做出判断,然后据此选择一个恰当的切入点去进一步探寻客户的购买动机,见表4-1。

表4-1 问题汇总

问题所在	对应需求	产品对应优点
出行需要	单纯的代步	价格适中、产品安全、节能、操作方便
交际应酬需要	满足联系客户、外出洽谈,为工作、事业提供方便,或满足自己的虚荣心、企图通过座驾提升自己的个人形象和身份地位	外观气派大气、有品位、有档次、有品牌效应
日常家庭生活需要	婚嫁、日常家庭使用、偶尔的外出旅行,通常一车多用	方便驾驶、空间充裕,行车安全,性能稳定
原有车辆使用不便	更新换代,这种购车主要是为了提升个人生活质量,对性能要求极高	性能良好,有品牌,售后完善方便

二、与客户拉家常，了解当前其需要解决的问题

在销售的初级阶段，要让客户主动谈论自己所面对的问题颇有难度，销售人员只有主动化解客户的顾虑与不解，循循善诱地引导对方说出来，如可以在不动声色地闲话家常中发现客户的问题，了解其实质需求。

三、了解客户对现用车辆比较满意的地方

一个人的消费行为和消费习惯常常有很大的惯性，他以前喜欢什么样的车型，现在仍然可能会喜欢，所不同的就是，他现在面临新的问题，而这些问题不是旧车可以解决的。销售人员弄清楚客户对现用车辆感到比较满意的地方实际上也就弄清楚了客户大致的偏好，如果能够进一步弄清楚他对哪里不满意就能更进一步弄清楚希望解决什么问题。

四、关注客户的抱怨

一般情况下，客户为了在买车的时候不受骗，不会主动说他想买什么样的汽车，但是只要销售人员问一问其以前用的是什么样的车，为什么想换个新的，他就会说出对原来的车不满的地方，不满的地方就说明了客户在其所说的那些方面遇到了问题，从这些方面着手，销售人员通常都会获得有用的信息。

> 【案例4-4】
>
> ### 掌握客户需要解决的问题
>
> 销售人员：王先生，请问您为什么想到要买车呢？
>
> 客户：有需求啊，您怎么问这个？
>
> 销售人员：王先生对不起，是我没说清楚，请您原谅，我是看您刚才的那辆车挺好的啊，好奇您为什么还要买车。
>
> 客户：你说那辆车啊，那也就是维护得好，外面看起来不错，其实发动机都已经换过好几次了，去年都大修了两次。可是我天天上班都很远，坐公交车实在不方便，离不开车啊。
>
> 销售人员：是啊，市区的交通状况确实不太好，私家车也是不可缺少的。先生您是位细心的人，想必您来之前已经了解过行情，有看好的车型吗？
>
> 客户：了解是了解一点，但是还没有定下来到底要什么样的车型。
>
> 销售人员：没关系，我们可以一起来看看什么样的车型比较适合您。王先生有个问题想请教您。
>
> 客户：你说。
>
> 销售人员：我发现您似乎比较偏好运动型的物品，您的车里好像放着一些登山用具，这款手表也是运动型设计，您经常健身吗？
>
> 客户：我和妻子都经常外出旅游，现在没有孩子，什么时候喜欢了就收拾行李出发了，趁年轻嘛。
>
> 销售人员：真羡慕您啊，像您这样有时间、有钱、有精力、会享受生活的人真是难得，我也想过这样的日子却还要忙于工作。听您这样说，我想您大概比较喜欢那种舒适、运动型、性能良好的车，是吗？

客户：是啊。

……

分析：客户在生活中通常会面临各种各样的问题，虽然客户通常不会主动向销售人员说出这些问题，但无论是隐性的还是显性的客户的购买行为都是建立在对产品的需求上的。客户不了解汽车的具体特点和性能，但显而易见的是，他知道自己想要解决什么问题。

【案例4-5】

了解客户的购买重点

销售人员：您好，您买车时会重点考虑哪些因素？

客户：不知道。

销售人员：对不起，我问的这个问题有点不专业了。车是大件耐用消费品，投入较大，选车一定要谨慎，一款好车应该关注五个方面，即造型与美观、动力与操控、舒适实用性、安全能力以及超值性的表现。不知道您最在意哪一项指标呢？

客户：安全性。

销售人员：真是英雄所见略同，全世界超过60%的人都与您的想法一样！安全性对于车主来说是至关重要的。目前，汽车安全方面日系车和欧系车代表两大流派引导着技术走向……

分析：对于注重安全性的客户，销售人员推荐时应该就主动安全和被动安全两方面的装备性能，强调车身的材质、重量、被动安全性装备以及权威机构的安全认证等。

五、分辨群体客户的角色

汽车消费虽然已经有大众化的趋势，但依然需要比较大的投入与花费，因此，客户携家人朋友一起参与选车、购车就很常见。汽车销售人员在向此类群体客户介绍产品之前，首要的工作是辨明每一位成员在购车活动中所扮演的角色，分清决策者、支付者、使用者和影响者，找出群体中最关键的人物。这个群体中任何一位客户的某个意见都可能影响购车决策。

【案例4-6】

了解客户是否是购车的决策者

销售人员：您还需要参考家人的意见吧？

客户：当然啦，我买车就是为了接送小孩上下学、我和老婆上下班，还有就是节假日全家人一起出游。

销售人员：您真是个好丈夫、好爸爸！考虑家人的意见是对的，因为车是家庭重要的共有财产，也是家庭和睦的基础。那今天看好之后，不如周末就带上您的太太和孩子一起来试驾吧？我可以现在就为您做申请啊！

【案例4-7】

了解客户购车的决策者

销售人员：选购这台车是由您全权负责的吧？

客户：不是，我是帮老板看的，圈定几款后再由他自己决定！

销售人员：您一定是老板的得力干将，买车这么重要的事情交给您办！我们下个周末会举办一个试乘试驾活动，我想邀请您和您的老板一起来参加……

模块要点

1. 客户类型可以分为主导型、分析型、社交型和沉默型四种。

2. 需求分析的重要性：只有找准客户的购买需求，才能有针对性地为客户推荐产品、介绍产品的卖点，从而提高销售效率。

3. 需求分析的工作内容：询问客户对本品牌车型的了解和认知，了解分析客户的购买动机、需求及用途，判定意向、使用人、决策人、影响人等信息，了解客户关注的竞争品牌和有关车的问题，探询分析客户的预算和购买方式等信息，销售人员提供几套方案与客户在购买需求等方面达成共识。

4. 了解客户需求的方法：事先对客户可能面临的问题进行汇总；与客户拉家常，了解当前其需要解决的问题；了解客户对现用车辆比较满意的地方；关注客户的抱怨；分辨群体客户的角色。

复习思考题

一、判断题

1. 隐性需求来源于显性需求。　　　　　　　　　　　　　　　（　　）
2. 开放式提问使回答者不至于跑题。　　　　　　　　　　　　（　　）
3. 开放式提问的主要目的在于收集信息。　　　　　　　　　　（　　）
4. 封闭式问题由于松散和自由，难以掌控。　　　　　　　　　（　　）
5. 封闭式提问的主要目的在于确认信息。　　　　　　　　　　（　　）
6. 听而不闻就是假装听。　　　　　　　　　　　　　　　　　（　　）
7. 显示客户身份地位的需求属于隐性需求。　　　　　　　　　（　　）
8. 有选择地听就是思路游离。　　　　　　　　　　　　　　　（　　）
9. 汽车的质量可靠属于显性需求。　　　　　　　　　　　　　（　　）
10. 积极地听就是专注地听。　　　　　　　　　　　　　　　　（　　）

二、单项选择题

1. 详细准确的需求分析是满足客户_____的基础。
   A. 需求　　　　B. 需要　　　　C. 欲望　　　　D. 要求

2. 需求分析也是保证产品_____有针对性的前提。
   A. 介绍　　　　B. 说明　　　　C. 质量　　　　D. 分析

3. 显性需求是指消费者意识到，并有能力购买且准备购买某种产品的_____需求。
   A. 有效　　　　B. 明显　　　　C. 特殊　　　　D. 特定

4. 隐性需求是指消费者没有直接提出，不能清楚_____的需求。

        A. 描述　　　　　　　B. 叙述　　　　　　　C. 述说　　　　　　　D. 表达
    5. 隐性需求是显性需求的_____。
        A. 延续　　　　　　　B. 发展　　　　　　　C. 表现　　　　　　　D. 继续
    6. 隐性需求_____于显性需求。
        A. 来源　　　　　　　B. 隐藏　　　　　　　C. 隐蔽　　　　　　　D. 附属

三、多项选择题

1. 客户类型包括_____。
    A. 主导型　　　　　　B. 和蔼型　　　　　　C. 分析型　　　　　　D. 表达型
2. 需求分析中的提问种类包括_____。
    A. 开放式提问　　　　B. 封闭式提问　　　　C. 辐射式提问　　　　D. 集中式提问
3. 听的种类包括_____。
    A. 听而不闻　　　　　B. 假装听　　　　　　C. 有选择地听　　　　D. 专注地听
    E. 积极地听
4. 需求分析中客户需求的种类包括_____。
    A. 隐性需求　　　　　B. 显性需求　　　　　C. 刚性需求　　　　　D. 柔性需求
5. 需求分析环节中来自客户的沟通障碍主要是_____。
    A. 客户心态　　　　　B. 客户类型　　　　　C. 客户不配合　　　　D. 客户态度
6. 客户需求分析中来自销售顾问的沟通障碍主要有_____。
    A. "积累"不够　　　　B. 事先准备不足　　　C. 不在状态　　　　　D. 生病了
    E. 不爱这份工作

四、简答题

1. 怎么理解需求分析的定义？进行客户需求分析的重要性有哪些？
2. 需求分析环节中应提出哪些问题？
3. 需求分析提问题时应注意哪些方面？
4. 在销售接待中如何应对沉默型客户？
5. 需求分析中来自客户的沟通障碍有哪些？
6. 需求分析中来自销售顾问的沟通障碍有哪些？
7. 需求分析必须明确哪些问题？
8. 客户购买决策群体有哪些？
9. 客户类型有哪些？

五、角色扮演

将学生分组，分别扮演客户与销售顾问，指定场景，进行客户需求分析。
    1. 一位客户去买车，他告诉销售人员想花20万左右买一辆1.8L排量的车。销售人员知道，这种客户一般对车都有一定的了解，但不知道了解到什么程度。
    2. 客户带妻子去看车，看中一款车却始终没下决定购买。几天后客户再次独自来看车。

六、请分析下列销售对话有何不妥之处，并提出改善性建议

    销售人员：（看见客户走进展厅，急忙迎了上去）您好，我是这里的销售顾问小李，欢迎您的到来。准备要看什么样的车？
    客户：听说新上市一款2.0排量的车，不知怎么样。
    销售人员：（引导客户走向样车）您说的就是这款车，上个月18日刚上市，现在销售情况特别好。
    客户：介绍一下吧。
    销售：这是一款按照欧洲汽车设计理念设计的新车，宽大的车身，超大的前视窗，给人留下了深刻的印象。特别是……
    客户：我听说这款车是手自一体的变速器，但只有四个档位。
    销售人员：这款车的变速器虽然只有四个档位，但却不比同级车的五个档位差。
    ……

模块五

车辆介绍

 学习目标：
- 了解汽车六方位的含义
- 掌握汽车每个方位的介绍要点
- 掌握产品 FAB 介绍法
- 了解不同介绍法的应用

 技能要求：
- 能熟练进行车辆六方位介绍
- 能熟练运用 FAB 法进行产品介绍

单元一 六方位车辆介绍法

六方位车辆介绍，是一个比较规范化的汽车产品展示流程。六方位车辆介绍的目的是将产品的优势与用户的需求相结合，在产品层面上建立起用户的信心。这种方法通常在两种情况下使用，一是企业对销售人员进行新产品上市前的训练，能使销售人员迅速掌握目标产品知识；二是当销售人员面对有些非常需要并有兴趣系统了解产品的客户，向其进行较为全面的介绍。

一、六方位车辆介绍法的含义

六方位车辆介绍法，是指销售人员在向客户介绍汽车的过程中，销售人员围绕汽车的车前方、车侧面、驾驶室、车后座、车后方、发动机舱六个方位，向客户介绍车的各个部位的功能、配置、特性、给客户带来的好处等。有从左侧开始的，也有从右侧开始的。当然，在具体应用中，还要看客户的需求。如果客户很主动地往一个位置走去，那么，绕车介绍就要从这个位置开始。如果客户很被动，销售人员介绍到哪里，他就走到哪里，那就依次把六个位置走完来展示汽车，如图 5-1 所示。

六方位介绍前需对展车进行准备，转向盘调整至最高位置；确认所有座椅都调整回垂直位置；钥匙放在随时可取放的地方，驾驶人座椅适量后移；前排乘客座椅适量后移；座椅的高度调整至最低的水平；收音机选台、CD 的准备；车辆的清洁；确保蓄电池有电。

图 5-1　六方位车辆介绍法

二、六方位介绍过程要点

概括地说，各方位介绍要点如下：
第一个方位（车前方）：品牌、外形、风格。
第二个方位（驾驶室）：操控、安全、舒适。
第三个方位（车后座）：舒适、安全、环保。
第四个方位（车后方）：造型、空间、安全。
第五个方位（车侧面）：安全、便利、操控。
第六个方位（发动机舱）：动力、环保、科技。

1. 车前方介绍

车前方是最有利于看清车辆特征的角度，通常可以在这个位置向客户介绍产品。如车标、品牌、车身尺寸、车辆线条、制造工艺、车身颜色、保险杠、前照灯、刮水器等，如图 5-2 所示。

（1）行为要点

1）介绍车辆前方时，销售人员应站在车辆左前照灯前 80cm 左右，面对客户。邀请客户在离车辆前方 45°、2~3m 距离的位置。做局部介绍时，需五指并拢，手心向上引导观看，必要时可以微微躬身。

2）在正式介绍前，应礼貌地征求客户的同意"那我现在就开始为您介绍这辆××轿车了，您看可以吗？"

3）通常这个时候客户都希望靠近展车观看，但实际上过于靠近观看会影响车辆的美感，所以应尽量避免。

图 5-2　车前方介绍

（2）车前方内容介绍要点

1）公司背景、产品历史、品牌、制造工艺质量等，坚定客户的信心。

2）简单提及产品的总体特征和领先科技。

3）外观（车身尺寸、线条、车身造型、颜色、品牌标志等）。

4）车灯、进气口、发动机舱盖、保险杠、刮水器等配件外观及独特设计和性能。

5）侧面的轮胎、后视镜、轴距等外观特征、风阻系数等（也可在侧面介绍时讲）。

2. 驾驶室介绍

这个位置应鼓励客户打开车门，进入内部。应着重向客户介绍的内容主要有转向盘、仪表盘、安全带、空调、音响、座椅、防盗系统、中控门锁等，如图5-3所示。

图5-3　驾驶室介绍

（1）行为要点

1）介绍车辆驾驶室前，销售人员首先要为客户打开驾驶室车门，并适当地为客户用手挡住车门上方，以避免客户进入时碰头，并提醒客户注意。

2）邀请客户进入展车后，销售人员以标准的蹲姿为客户调整座椅，并询问客户是否合适，调整时通知客户所要调整的类型，如"我现在准备为您把座椅往上抬高一点，请您感受一下。"

3）蹲着或者在得到客户允许后坐到副驾驶席继续介绍车内的其他功能。要在得到客户同意后，从车辆前部迅速绕到车辆右侧，轻轻打开车门进入，并关上车门。

（2）驾驶室内容介绍要点

1）仪表盘特点。

2）前风窗玻璃，如是否防紫外线，是否有抬头显示功能。

3）转向盘、变速器等操纵装置，以及转向系统和传动系统等底盘的相关技术。例如，转向助力的形式，有无车速感应，变速器形式，有无ESP、HAC等。

4）空调、音响、DVD等电子装备，如是否是独立调节空调、音响个数及布置、DVD播放碟数、是否有蓝牙功能等。

5）风窗玻璃、后视镜的调节方式等便利性设计。

6）便利的储物空间。

7）内饰的风格和材质、质感。

8）座椅的调节方式。

9）安全装备，如安全气囊个数及分布、座椅安全头枕、溃缩式踏板等。

3. 车后座介绍

这个位置主要向客户介绍轴距、音响、座椅、头部空间、安全措施、储物空间等，如图5-4所示。

（1）行为要点

1）在这个环节中，要积极鼓励客户更多地体验车辆，激发客户的想象，促进客户希望拥有该车的欲望和冲动。销售顾问可在展车内或者展车外介绍，但一定要邀请客户进入展车

模块五 车辆介绍

图 5-4 车后座介绍

车内参观感受。

2）应该邀请客户充分地感受车内空间，包括前排和后排的舒适度。

3）如果客户有随行人员，不要忘记了邀请他们一起进来感受一下。

（2）车后座内容介绍要点

1）后排座椅，如分割方式、调节方式、材质质感、头枕等。

2）后风窗玻璃，如是否防紫外线设计、遮阳设计等。

3）内部空间，如腿部空间、头部空间、座椅宽度等，配合轴距、前排座椅的调整来讲。

4）后排地板设计，如是否平整化设计等。

5）儿童安全锁、儿童座椅约束等。

4. 车后方介绍

这个位置可以突出尾灯、汽车排放的介绍。主要应包括大面积尾灯、一体式后保险杠、倒车雷达、倒车影像装置、天线、行李箱等，如图 5-5 所示。

图 5-5 车后方介绍

（1）行为要点

1）销售顾问应站在车辆后方的位置进行介绍，距离车辆后保险杠约 50cm，并邀请客户在车辆右后方或正中的位置进行观看。

2）客户通常会对尾部的造型比较在意，销售顾问可以引领客户暂时后退 2～3m，从侧后方引导客户观看。

3）关闭行李箱的姿势要优雅熟练，切勿因为这样的小细节而降低了客户对销售顾问的好感。

（2）车后部内容介绍要点

1）组合尾灯。

2）行李箱，如容积、开口设计等。

3）排气管与保险杠的设计。

4）高位制动灯。

5）随车物品，如备胎种类等。

5. 车侧面介绍

这个位置可以考虑集中在安全性能的介绍，还有轮胎、悬架系统（舒适性）可以在这里介绍。主要内容应包括车门防撞钢梁、四轮独立悬架、车身结构、车身材质、车门、轮胎、油箱等，如图5-6所示。

图5-6　车侧面介绍

（1）行为要点

1）介绍车辆侧面时，销售人员应站在车辆左方或右方，适于站在前轮的方位，将客户邀请至B柱外60～100cm的位置观看车辆。做局部介绍时，需五指并拢，手心向上引导观看，必要时可以微微躬身。

2）通常此时由于销售人员站位的原因，客户无法进入驾驶室的情况下，可能会进入后排座椅，发现客户有这方面的倾向时，应积极引导。

3）介绍底盘、轮胎这些部位时，销售人员可以用标准蹲姿进行介绍。

（2）车辆侧面内容介绍要点

1）外观（车身尺寸、线条、车身造型等），重点介绍车辆的整体造型，比如是否流线型，风阻系数。

2）车轮、车门、门把手、车窗、后视镜等外部配件功能和外观。

3）轴距、轮距及车身高度等特征，介绍车辆的乘坐空间大小。

4）底盘系统（传动、行驶、转向、制动）重点介绍，例如，包括以下内容：

轮辋及轮胎、悬架系统特点；制动系统，如制动盘是否为通风盘，效能如何；传动系布置，如是否前置后驱；底盘控制系统，如ESP（VSC）、TCS、HAC、ABS+EBD+BA等，这些部分也可以在驾驶室里介绍。

5）车身性能，如安全车身、车门防撞性能、前后悬长度、车身比例及重量、ABC柱位置与视野、车身地板高度与车门开度与进入特性、车门噪声隔离等。

6）通过性参数，如前倾角、后倾角、离地高度、最小转弯半径等。

6. 发动机舱介绍

应主要介绍排量、油耗、结构、性能、变速器、发动机底座、碰撞吸能区、发动机管理系统、ABS等，如图5-7所示。

（1）行为要点

1）首先，对等待观看的客户说"请稍等"，离开车辆前端来到驾驶室旁；其次，打开车门，拉动发动机舱盖锁定释放杆；然后，关上驾驶室门，返回车辆前端，用双手打开发动机舱盖。

图5-7 发动机舱介绍

2）当销售顾问打开车门时，客户可能会跟随并有意进入驾驶室参观，所以打开发动机舱的时间应尽量短，同时开启车门的幅度要小。

3）当销售顾问拉动发动机舱盖锁定释放杆之后，由于好奇，客户可能会试图自行打开发动机舱盖，对于车辆不熟悉的客户，这是比较危险的，此时销售顾问应说"请等一下，我来为您打开"，并快步走到发动机舱盖前。

4）关闭车门时请用双手关闭，举止要得体，切勿随意甩手关闭车门。

（2）发动机舱内容介绍要点

1）发动机及其技术特点，重点在动力性和经济性。

2）发动机的降噪、减振技术。

3）发动机舱盖及发动机舱的安全设计。

4）发动机舱的布置。

5）车辆的驱动方式。

【案例5-1】

下面以东风本田CR-V六方位绕车介绍为例。

1. 车前方

展现在您面前的是CR-V大气的外形，流畅的曲线，显得非常俊朗、清秀。令人难忘的圆润前脸造型稳重、大方，配合大坡度的设计，给人美感的同时又有效地降低了行驶时的风阻力，大大提高了燃油经济性。

配上本田大尺寸的镀铬格栅，标志设计简洁明快，体现了驾车者的尊贵身份以及品位。

两侧超大晶钻组合前照灯，亮度超强，配多角度反射曲面，照射范围宽广，给您提供充足的路面信息，夜间驾驶也能轻松掌握前方路况。

宽大的前保险杠，外形美观大方，使得整个线条更加圆润饱满。内附防撞钢梁，结构坚固，可有效抵御前方意外磕碰。下部内嵌式水晶雾灯，浓雾穿透力强，广角式多反射曲面，照射范围宽广，在雾天行驶时更安全。

新款2.4AT/MT CR-V增加了发动机下护板，提高了通过性且非常实用。

2. 车侧面

刚才我们看了 CR-V 车后方，那么现在就让我们看看 CR-V 车侧面的一些特点。与车身同色的门把手、后视镜和防擦条显得非常整洁。

后视镜四向可调，在驾驶座位置便可轻松操控，方便实用。前后可折叠功能让车辆瞬时瘦身，具有良好的通过性，走街串巷，停放车辆轻松自如。

全车采用 G-force 控制安全车架，两侧设有防撞钢梁，大大加强了 A、B、C、D 柱车顶两侧对冲击的吸收能力，可以阻挡来自侧面的撞击，很好地保护车内人员安全，其舒适性也是非常良好的。

智能化的适时四驱系统，可根据路况自行调节切换，反应时间短，切换顺畅，无论是在城市还是在山野都会给您以超凡的驾驶感受，在高动力和低油耗之间达到平衡。该车配备了 215/65R98T 宽轮胎，抓地性好，行驶更加平稳。

全车采用四轮盘式制动，铝合金车轮具有良好的散热性。且制动盘直径较大，后轮采用盘鼓结合方式，制动效果更加灵敏有效，大大提高了燃油使用率，且良好的 ABS 通过对四轮制动液的独立控制，能够消除在湿滑路面上制动和紧急制动下造成的车轮抱死现象，使得制动的稳定性和方向的操控性更加卓越，再配合 EBD 电子制动力分配系统，优化四轮制动液缩短了制动距离。

3. 驾驶室

下面让我们一起到车的驾驶室看一下，CR-V 四车门均可大角度开启，这样极大方便了乘员上下车。您看，新款 CR-V 在原有的基础上，室内空间感更大，非常宽敞，无压抑感。

轿车双色室内设计风格，是目前国际比较流行的色彩，营造一种温馨的家居气氛。内饰都采用了防火阻燃材料，不但经久耐用，而且不易燃烧，非常安全。

转向盘高度可自动调节，并带有音箱控制键，免去了您在驾驶过程中伸手调音调台的麻烦，提高了您的驾车安全性。

2.4L 的还配有巡航定速键，当您在长途行驶时，设定速度，松开加速踏板，让您的脚踝也可得到轻松，同时也节省了燃油。

新款 CR-V 采用的是自发光式仪表板，上配有外部温度显示、前照灯开启提醒和发动机防盗工作指示以及瞬间油耗量显示。

仪表板位于驾驶人自然视线的中心位置，这就更加符合人体工程学的原理，有效缩短了视线上下移动的距离，给驾驶人一个宽广安全的驾驶空间。

设在中控台上的 AT 皮革变速杆操作方便，档位清晰，并增加了 D3 超速档，瞬时提速非常顺畅、平稳，减少了冲击感，更加提高了您的驾驶乐趣，变速器为 5 速（2.0L 为 4 速）自动排档。目前新增配有 2.0/2.4MT，变速器更为紧凑化，从而使布局更为合理，反应更快捷、灵敏，同时也降低了油耗，下方配有驻车制动，独特的位置设计为驾驶室节省了更大的空间，操作起来很方便。

音箱方面配有 AM/FM 双声道收放机、6 碟连放 CD 机，外形美观，操纵方便，自动吸入设计，换片轻松自如，配上 6 扬声器，各音域俱佳，让您有置身于音乐厅的感受。

4. 车后座

新款CR-V的后座空间也是相当宽大的，60/40可分开式折叠滑动座椅配有可上下调节的头枕，在您疲劳时仰卧其中的感觉也是相当舒适的，座椅可前后翻动，节省了空间。

CR-V两个后门还专门配备了儿童安全锁，这样就可以消除后排乘坐儿童时由于不经意的开启造成的伤害，让您的孩子可以在车内尽情玩耍而您在前方也可以专心驾驶丝毫不必分心。

5. 车后方

新款CR-V的尾部造型是典型的SUV车型设计，造型粗犷，充满了越野风格，配上超大型直立组合后尾灯且设计位置较高，有利地保持了与后面车辆的距离，减少了追尾的发生。

90°侧开式尾门空间超大，527L空间可以放下大型物品，后排座椅折叠以后容积为952L，可以同时放两辆26in自行车，为同级车型最大的。

6. 发动机舱

让我们看一看CR-V的心脏——发动机舱。新款CR-V发动机舱布局合理，它配有公司目前最为先进i-VTEC技术的全铝发动机。它最大的特点是经济性和动力性的完美结合，出色的经济性并没有减少您对动力的要求，118kW的功率和220N·m的最大转矩为同级别车最大，这款发动机运转起来非常安静，配上具有降噪、隔音、减振的双层发动机罩，在高速行驶时车内的噪声也是非常小的，并且达到欧Ⅳ排放标准，体现出CR-V的环保性与经济性的优势。

三、六方位车辆介绍常见问题及注意事项

1. 来自客户的沟通障碍

1）一些性子急的客户，没有耐性听你把话说完。

2）客户根本不按照销售人员的节奏和方向走，从而打乱了介绍的思路，对于那些应变能力差的销售顾问，思路一旦被打乱，就会乱了阵脚，什么都忘了。

3）客户生病了，不在状态，听不进去，销售顾问也就没有动力再讲下去。

4）客户听了，很认真，但是没听懂，还不好意思提问。

5）客户来店里就是随便看看，没有购买意愿。

2. 来自销售顾问的沟通障碍

1）业务不熟，总卡壳。这种状态，在学生在校学习有关课程及做情景练习时，最为明显。刚刚去4S店顶岗实习的学生，也会经常出现此类问题。

2）准备不充分，被客户问倒。作为一名刚刚参加工作的营销类毕业生，由于准备不足，积累不够，很有可能会被一些客户问倒。有些是无意间被问倒，有些则是某些客户故意为之。

3）销售顾问在做车辆介绍时，礼仪有缺失，态度有问题等，都会造成沟通障碍。

4）销售顾问不在状态，或者生病，或者情绪很低落等。这些状况势必要影响销售顾问的工作状态。

3. 六方位车辆介绍时的注意事项

1）六方位车辆介绍的前提是已经明确了客户的需求，所以在实际为客户介绍时可以有相应的重点，也可以从任一方位开始介绍，并根据车型卖点的不同适当调整介绍重点。

2）介绍中注意 FAB 销售话术的运用。

3）介绍过程中使用规范的礼仪。

4）开关车门、发动机舱盖及行李箱盖时注意举止文明，轻开轻闭。

5）客户进入车内时，主动用手掌挡在车门框下（手心向下）保护客户，并提醒客户注意。

6）注意给客户提供充裕的时间观察和提问，以满足他们的具体要求。密切留意客户的反应，并适当提问互动以进一步确认客户的需求。

7）幽默的用语、形象的比喻和生动的事实有助于客户的理解和接受，形成自己的销售话术，对每一个部位训练至流利介绍和应答。

单元二　产品 FAB 介绍法

所谓"FAB"，就是将产品的特征和配置（F，Feature）表述清楚，并加以解释、说明，从而引出它的优势和好处（A，Advantage）及可以带给客户的利益（B，Benefit），进而使客户产生购买动机。

一、特征介绍法

F（Feature）是指特征、特色、卖点，指所销售车辆的独特设计、配置、性能特征，也可以是材料、颜色、规格等可以观察到的事实状况。将特征详细地列出来，尤其要针对其属性，按性能、构造、易操作性、机能、耐用性、经济性、设计、价格等列出其具有优势的特点，将这些特点列表比较。

如果只是简单罗列车辆本身拥有的特征，将难以激起客户的购买欲望。例如，当销售人员向客户介绍一款装配了 ABS（防抱死制动系统）的轿车时，只是简单地对客户说："这是一辆配备了 ABS 的轿车，因此是一辆安全的轿车"。像这样只停留在表面上来介绍汽车的性能、配置是很难让客户产生需求的，因此销售人员应将介绍延伸到下一阶段。

二、优点介绍法

A（Advantage）是好处、优势。销售时应将商品的特征与由这些特征带来的好处进行详细的说明。

例如，当销售人员向客户介绍一款装配了 ABS（防抱死制动系统）的轿车时，如果说"ABS 是利用装在车轮上的轮速感应装置在制动时对车轮进行点制动，防止车轮抱死的一套制动系统，它能够大大缩短车辆在湿滑路面上的制动距离，并能够在制动的同时打动转向盘，实现对车辆的正常操控，绕开障碍物"，这样就能使客户对 ABS 的优点有更深入的了解，比特征介绍法更易于让其接受，但是优点必须转化为客户愿意接受的利益，客户才会接受销售人员的推荐，实现购买，因此销售人员应将介绍延伸到下一阶段。

三、利益介绍法

B（Benefit）是指利益，就是产品的特性和好处能带给客户哪些方面的利益，通过销售人员的介绍，将客户所关心的利益表达出来，从而引起客户的共鸣。

例如，介绍 ABS（防抱死制动系统）的轿车，当销售人员向客户介绍时，如果说"您说购车后会经常在湿滑路面上跑，而这辆轿车配置了 ABS，它能够利用装在车轮上的轮速感应装置在制动时对车轮进行点制动，防止车轮抱死。同时它能够大大缩短车辆在湿滑路面上的制动距离，并能够在制动的同时打动转向盘，实现对车辆的正常操控，绕开障碍物。对您而言能够大大提高您操控这辆车的信心，提高驾驶安全，同时能降低因为制动而带来的乘坐不适，还能减少轮胎的磨损，延长轮胎的使用寿命，降低使用成本。它确实更适合您"。这样的介绍效果更好。

产品的 FAB 介绍法是通过产品特征和性能的介绍，让客户了解这些特征带来的好处和优势，同时针对客户的具体使用引申出对客户而言所能带来的客户利益，引起客户的共鸣，从而坚定客户购买的决心。这样客户不仅不会产生抵触情绪，而且还会觉得销售人员完全站在他的角度，为他着想，帮助他解决问题，从而让客户很容易接受、认同。应用 FAB 方法，能帮助汽车销售人员设计有力的销售话术，可提高汽车销售人员的销售效率。

【案例 5-2】

FAB 法应用

汽车销售人员：袁先生，您选车主要是为了方便接送孩子，是吧？

客户：是呀，我孩子快上幼儿园了，可淘气了，幼儿园离家比较远，有车要方便些。

汽车销售人员：孩子四岁到十二岁，是最调皮、最好动的时候，行驶途中的安全是第一位的。孩子对车外总是充满好奇，喜欢攀爬车窗，如果碰到车窗上升按钮，很容易被玻璃夹伤。我们这款车采用的是电动防夹车窗，车窗上升的时候，如果孩子将手搭在了玻璃上，车窗会从上升的趋势改为下降，可以避免孩子发生夹伤事故。好动的孩子还有可能在车子行驶途中打开车门，这是非常危险的。您看，我们这款车只要您细心地把开关设到"LOCK"的位置，车门就只能通过车外的门把手打开，而孩子们从车内是打不开的，这样能够有效地防范风险。您来试试……

客户：这样设计不错，我们家那孩子要是不防着他一点，还真怕他出事。

汽车销售人员：欧洲的 NCAP 新车撞击测试代表了世界最严格的碰撞安全标准，我们这款车在这一测试中得到了综合评定五星的最高评价，无论是正面碰撞还是侧面碰撞，这款车对 1.5 岁幼童和 3 岁孩童的保护都得到了满分，可以说是同类车型中安全系数最高的，它一定能最大限度地保护您和孩子的安全。

分析：从根本上而言，客户喜欢或者购买汽车并不是因为车子本身，而是因为这款车能够解决客户遇到的某些重大问题与难题，能够满足客户的某种需求，带来某种利益。因此，汽车销售人员要将向客户推销汽车的某个卖点与客户面临的问题联系起来，去推销卖点背后的价值和利益。在上例情景中，销售人员运用的是 FAB 法，强调了产品的利益，赢得了客户认同。

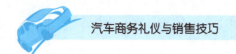

单元三　车辆介绍法的应用

一、从产品出发——系统的六方位车辆介绍法

当客户对产品非常感兴趣，或者想详细了解具体车型时，销售人员可以采用六方位车辆介绍法。

【案例5-3】

客户感兴趣时使用六方位车辆介绍法

客户林先生和汽车销售人员站在某款新上市的车前部。

客户：这款车是新上市的吧，外形很抢眼啊，与旧款相比有什么新技术和新配置吗？

汽车销售人员：林先生，您眼光不错啊。这款车是上个月刚上市的，是××车型第十一代了，您知道吗，××车型一直是全球单一车型销量最高的，现在全球的用户已经累计达到4000多万了。用户的数据足以证明它的品质和可靠性。您看我给您详细介绍下这款车好吗？

客户：好的。

汽车销售人员：（介绍车前部）林先生，请您坐到驾驶座上。（等客户落座后）您感觉舒适吗？

客户：这座椅挺舒服的。

汽车销售人员：这是带有电加热功能的真皮座椅，相信无论是您的朋友还是客户，坐进您的车都会感受到独有的豪华和气派。咱们北方的冬天比较冷，到冬天坐上去就更舒适了，想一想，很多人都不得不坐在冷冰冰的座椅上驾驶，而它却能为您驱散冬日的寒冷，带来更完美的驾驶体验。这个座椅是可以调节的，平时您出差时想在车上歇一歇的时候，可以放平座椅，来上一曲轻音乐，安静、舒适地休息一会……

二、从需求出发——针对关键要素采用FAB介绍法

当汽车销售人员了解了客户的需求后，可以针对客户关心的要素展开介绍。

例如，客户用车需要经常购物，而车辆配有智能无钥匙系统，下面是应用FAB法介绍智能无钥匙系统的示例：

雨天时，您经常一手撑伞，一手拿包，还要腾出手寻找车钥匙。商场门前，您提着大包小包购物袋，找钥匙也是件麻烦事。智能无钥匙系统在您携带智能钥匙时，只需靠近汽车，它就可以迅速反应，主动解锁，您直接拉开车门就行，使您开启车门时更加方便快捷，这是非常人性化的设计。

三、向群体客户介绍汽车

汽车销售人员在向群体客户介绍产品之前，首要的工作是分辨每一位成员在购车这项活

动中所扮演的角色，分清决策者、支付者、使用者和影响者，找出群体中最关键的人物。同时还要注意到这个群体中任何一位客户的某个意见都可能影响购车决策。

【案例5-4】

高先生带着太太和两位朋友胡先生以及陈先生一起来选车，汽车销售人员了解到高先生夫妇将共同负担购车的款项，而两位朋友都有过购车的经验，因此被高先生请来做参谋，四个人看了一圈，最后关注的重点落在了A、B两款车上。

汽车销售人员：几位觉得A和B哪款车更适合呢？

胡先生：虽然价格差不多，但是A车的配置，如六大气囊、MABS等，明显要比B车高级啊。

陈先生：A配置好一点是没错，但是B车的品牌比A车要响啊，B车现在在国内的销量稳定，售后服务非常完备，这些优势A车可没有。

汽车销售人员：胡先生、陈先生，两位真不愧是行家里手，一句话就能说到点子上，高先生有您二位的参谋，一定能选到中意的好车。高先生、高太太，这两款车您二位怎么看呢？

高先生：我觉得老胡和老陈说得都有道理啊。

高太太：A车真漂亮，车内空间也很大，我们以后出去玩的时候带再多的东西都不用发愁啦！

汽车销售人员：高太太，您真懂得生活，现在的很多家庭都忙于工作挣钱，能像您这样平衡生活与工作的已经很少了。很多客户在购置第一款车时，都想选一款十全十美的车，其实没有最好的车，只有最适合的车，各位，你们说是不是呢？所以，我经常建议客户选第一款车时主要看重安全性和驾控性。高先生现在事业正处在发展期，将来肯定还会购置第二辆车，那时候，我觉得可以选择品牌更好、配置更高端的车。您说呢？

高先生：你这么说也很有道理。以后用车的是我，坐车的还是老婆和孩子，安全是比较重要的……

分析：汽车销售人员接待群体客户首要的一步是分辨出每一个人在购买行为中扮演的是什么角色。销售人员可以直接询问，也可以通过观察来判断，除此之外，还有一种方法就是"群体讨论"，也就是由销售人员有目的性地提出一个讨论话题，引导众人参与到讨论中，从中辨别各人的角色和重要性，以及每一位成员的观点和态度。

例如，在上面的情景中，销售人员抛出的讨论话题是"A和B哪款更适合"，从众人讨论中，可以发现胡先生与陈先生有不同的看法，而高先生没有明确的立场，高太太有明显的偏向，同时对其他几位有比较强的影响力，于是，销售人员可以将高太太作为主攻的对象。

模块要点

1. 六方位车辆介绍法，是指销售人员围绕汽车的车前方、车侧面、驾驶室、车后座、车后方、发动机舱六个方位向客户介绍汽车。

2. FAB介绍法，是指将产品的特征和配置表述清楚，并加以解释、说明，从而引出它的优势和好处及可以带给客户的利益，进而使客户产生购买动机。

3. 车辆介绍时所选用方法需结合客户需求和现场实际情况来确定。

复习思考题

一、填空题

六方位环车介绍包括的六个方位是_____、_____、_____、_____、_____、_____。

二、单项选择题

1. 汽车销售车辆介绍，也叫商品_____。
   A. 说明　　　　　B. 解释　　　　　C. 展示　　　　　D. 阐释

2. 车辆介绍是一种方法，一个_____。
   A. 过程　　　　　B. 阶段　　　　　C. 方式　　　　　D. 活动

3. 车辆介绍具体包括_____位置。
   A. 6个　　　　　B. 5个　　　　　C. 7个　　　　　D. 4个

4. 车辆介绍的依据是客户的购车_____。
   A. 需求　　　　　B. 需要　　　　　C. 欲望　　　　　D. 要求

5. 车辆介绍的最终目的是使客户做出购车_____。
   A. 决定　　　　　B. 决策　　　　　C. 预算　　　　　D. 方案

6. FAB法则，即属性、作用、_____法则。
   A. 益处　　　　　B. 优点　　　　　C. 好处　　　　　D. 长处

7. FAB法则中的F是指汽车的配置和_____。
   A. 特性　　　　　B. 特征　　　　　C. 特点　　　　　D. 性质

8. FAB法则中的A是指配置和特性的_____。
   A. 优势　　　　　B. 优点　　　　　C. 长处　　　　　D. 益处

9. FAB法则中的B是指对客户的_____。
   A. 好处　　　　　B. 益处　　　　　C. 优势　　　　　D. 优点

10. 一般地说，六位介绍的最后一个方位是_____。
    A. 发动机舱　　　B. 驾驶室　　　　C. 车后方　　　　D. 车前方

三、简答题

下列哪些是车辆的特性？哪些是车辆的优点？哪些是车辆的特殊利益？

（1）这辆车的行李箱容量为350L。

（2）车内有中央控制门锁，集中控制，能够增加车辆和乘客的安全性。

（3）这辆车的内外两面都采用镀锌的钢板，能防水防锈。

（4）张先生，您提过，车内的音响常被偷，我们的音响安装好后呢，需要输入个人密码才能启动，而且，音响上有提示灯闪烁不灭，小偷只要看到是我们的音响，绝对会知难而退，您再也不用担心音响遭窃的问题了。

（5）后座装有暗锁，能够防止车子行进中小孩子打开车门，发生危险。

四、角色扮演

将学生分组，分别扮演客户与销售顾问，指定车型，演示整个六方位绕车介绍过程。

模块五 车辆介绍

五、按表 5-1 内容根据范例，填写汽车六方位所要介绍的特征要点

表 5-1　六方位车辆介绍

部　位	可强调的特征举例
车前方	头灯、前照灯清洁设备、＿＿＿＿、＿＿＿＿、＿＿＿＿、＿＿＿＿
车侧方	外观、门把手、＿＿＿＿、＿＿＿＿、＿＿＿＿、＿＿＿＿
驾驶室	座椅、转向盘、仪表台、＿＿＿＿、＿＿＿＿、＿＿＿＿、＿＿＿＿
车后座	后排座椅、空间、＿＿＿＿、＿＿＿＿、＿＿＿＿、＿＿＿＿
车后方	行李箱、备胎、＿＿＿＿、＿＿＿＿、＿＿＿＿、＿＿＿＿
发动机舱	布置形式、发动机形式、＿＿＿＿、＿＿＿＿、＿＿＿＿、＿＿＿＿

六、情景练习题

1. 车前方介绍练习

1）以小组为单位（或以学号为顺序），每组派出两名同学，分别扮演销售顾问和客户，进行车前方介绍练习。

2）练习结束后，其他各组给予评价，练习组的"销售顾问"自评，老师点评。

3）评价标准：车前方介绍要点、正确的礼仪与态度。

2. 驾驶室介绍练习

1）以小组为单位（或以学号为顺序），每组派出两名同学，分别扮演销售顾问和客户，进行驾驶室介绍练习。

2）练习结束后，其他各组给予评价，练习组的"销售顾问"自评，老师点评。

3）评价标准：驾驶室介绍要点、正确的礼仪与态度。

3. 车后座介绍练习

1）以小组为单位（或以学号为顺序），每组派出两名同学，分别扮演销售顾问和客户，进行车后座介绍练习。

2）练习结束后，其他各组给予评价，练习组的"销售顾问"自评，老师点评。

3）评价标准：车后座介绍要点、正确的礼仪与态度。

4. 车后方介绍练习

1）以小组为单位（或以学号为顺序），每组派出两名同学，分别扮演销售顾问和客户，进行车后方介绍练习。

2）练习结束后，其他各组给予评价，练习组的"销售顾问"自评，老师点评。

3）评价标准：车后方介绍要点、正确的礼仪与态度。

5. 车侧方介绍练习

1）以小组为单位（或以学号为顺序），每组派出两名同学，分别扮演销售顾问和客户，进行车侧方介绍练习。

2）练习结束后，其他各组给予评价，练习组的"销售顾问"自评，老师点评。

3）评价标准：车侧方介绍要点、正确的礼仪与态度。

6. 发动机舱介绍练习

1）以小组为单位（或以学号为顺序），每组派出两名同学，分别扮演销售顾问和客户，进行发动机舱介绍练习。

2）练习结束后，其他各组给予评价，练习组的"销售顾问"自评，老师点评。

3）评价标准：发动机舱介绍要点、正确的礼仪与态度。

模块六

试乘试驾

 学习目标：
- 了解车辆试乘试驾的目的和作用
- 掌握车辆试乘试驾各环节的流程和工作要求
- 了解车辆试乘试驾中服务的细节

 技能要求：
- 能熟练进行车辆试乘试驾前对客户的概述
- 能熟练进行试乘试驾中的产品介绍

单元一 试乘试驾前

一、试乘试驾的目的和作用

试乘试驾是在展厅展车的静态介绍后，让客户充分体验新车性能的最好方式，销售人员通过动态介绍来强化客户对新车的信心，激发购买欲望，从而提高来店的成交率。试乘是指由经销商指定的人员来驾驶指定的汽车供客户乘坐；试驾是指客户在经销商指定人员的陪同下，沿着指定的路线驾驶指定的车辆，从而了解这款汽车的行驶性能和操控性能。

试乘试驾的目的和作用，归纳起来主要有三点：

1）试乘试驾是客户了解一款汽车的重要途径。例如汽车的行驶性能与操控性能难以用数据衡量，试驾就成了多数客户了解汽车行驶性能与操控性能的唯一途径。

2）试乘试驾是企业推销产品和服务的最好时机。客户在试乘试驾时需要使用音响、空调、电动倒车镜及座椅调节等，销售人员及时向客户介绍，可使客户更深入了解这款汽车。同时销售人员可借此机会展示自己的专业素养，赢得客户对自身服务态度和能力的认可，建立客户对自己的信心。

3）收集更多的客户信息，为促进销售做准备。通过过程中客户对车辆的评价，进一步了解客户的需求特殊性，为下一步销售提供方向。

因此，销售人员在销售过程中应尽可能推荐客户进行试乘试驾活动。

模块六 试乘试驾

【案例6-1】

邀请客户试乘试驾及应对拒绝的话术

"×先生/女士,我们这款车自从今年面市以来,几乎每天都有五六拨客户来试驾,您看我们的预约表,都排到了一个月以后了,这不,下午两点还有一位姓谭的客户要来试车呢。现在我同事恰好带客户刚试完车,把试驾车开回来了,您看,要不我现在就安排您试驾吧?"(强调其他客户试驾的火爆与热情,以及试驾机会的难得,给客户施加从众的心理暗示。)

"×先生/女士,一件衣服最光彩的时候不是摆在橱窗里,而是合体地穿在主人身上的那一刻,同样的,这款车最动人的时候也不是待在我们展台上,而是在您驾驶这款车穿梭于车流中的那一刻。您不想体验一下驾驶这款车的快感吗?"(强调试驾的美妙感觉,让客户怦然心动。)

"×先生/女士,刚才我为您做介绍的时候,我留意到您是很认真地在了解这款车,您问到了它的动力性、制动性,还有它在各种路况条件下的具体油耗。我想,您是真心喜欢这款车。了解这款车最好的方式就是试车,真正的好车,一定是通过试驾才能看出来的。您看,我现在为您安排试驾,好吗?"(依据客户的表现,引导客户试驾。)

分析:客户如果对某款车有一定的兴趣,通常都会很乐意甚至主动要求进行试乘试驾,以求更进一步地体验汽车性能与品质。当客户看上去对车子比较喜欢,却不愿意参与试乘试驾时,汽车销售人员首先应该寻找原因,是客户有急事不方便试驾,还是对该车型根本没有意向,或者担心试车之后不买会遭到销售人员的纠缠甚至埋怨等,确认了客户拒绝试驾的缘由,才好正确应对。

二、试乘试驾前的准备

1. 试乘试驾路线选择

在试乘试驾之前,销售人员应组织计划好路线,确保行车安全。试车所选择的路段至少要满足15~30min的驾驶,使客户有足够时间来体验车的性能。所选择的路段应避开建筑工地和交通拥挤的地区,选择车流量较少,平直的路面为宜。有条件的,尽量选择公司封闭的试乘试驾路线,在半途中确保有一地点可以安全地更换驾驶人。另外,选择试乘试驾路线要结合车型特性来进行规划,若是越野车则应选择路况稍复杂的行驶路线,以便客户能充分体验到越野车独特的性能和魅力。

为使客户尽快了解路线,可将试乘试驾路线制作成路线图摆放在展厅,便于销售人员在试乘试驾前向客户进行路线的说明。

2. 试乘试驾车辆

通常经销店配有专门的试乘试驾车辆,购买了相应的保险,能最大限度地保障各方利益。为达到试乘试驾的最佳效果,在车辆的日常管理中要加强规范管理,具体要求如下:

1)确保车况处于最佳状态。管理员每天上班首先要检查车辆的行驶性能,包括发动机、变速器、制动系统、音响、空调、座椅调节、刮水器、轮胎等系统是否正常,如发现问题要及时进行调整和维修,确保车辆处于最佳状态。每天检查油量,确保油箱内至少有1/2箱燃油。除此之外,还可以给汽车做一些锦上添花的工作,例如配备一些CD、DVD,以便在驾车途中能享受到优美的音乐。

2）车辆要定期美容，每天清洁，要像展厅展示的新车一样来清洁试乘车。整洁的车辆能让客户心情愉快。

3）车辆必须经过装饰，在车身贴上试乘试驾字样，并停放在特定的试乘试驾区，让客户一进公司就能看到，从而吸引客户试乘试驾的兴趣，甚至主动提出试乘试驾要求。

4）车辆的证照要齐全，必须是上好车牌的车辆，行驶证、保险卡、车船税等一应俱全，严禁用商品车进行试驾。

5）车内进行生活化的布置，让客户感觉更加温馨。例如，放置漂亮的香水座，即美观又能改善车内的空气，加装生活化的座椅套、抱枕、头枕等，对于以女性客户为主的车辆，可以摆放一些公仔和玩具，对于越野车，可以放一些指南针、坡度仪、导航仪，这样一方面能够让客户将车辆与生活联系在一起，使他产生更多的联想，产生购买的冲动，另一方面也为车辆成交后的精品销售打下基础。

三、试乘试驾前的工作流程

1）向客户说明试乘试驾的流程。告之客户先试乘再试驾，概述整个安排过程。

2）向客户说明试乘试驾的路线，告之沿途的道路状况和交通管制情况，请客户严格遵守。

3）查验客户的驾驶证并复印存档，确认客户驾驶经验。如果没有驾照或缺乏驾驶经验的客户，他们要提前申明，销售人员来完成本次驾驶，由客户进行试乘即可。说明此项时需用婉转的话语请客户谅解。

4）指导客户签署"试乘试驾协议书"。由销售店根据本店的实际情况制订，明确试乘试驾中双方的责任和义务，见表6-1。

5）向客户简要说明车辆的基本功能和操作方法，例如调整座椅、后视镜，提醒系好安全带，提示安全操作方法等。

表6-1 试乘试驾协议书

试乘试驾协议书
试驾日期： 试驾车型： 致　　　有限公司（具体经销商名称）： 本人于___年___月___日在_____经销店自愿参加_____车型试乘试驾活动，特此作如下陈述与声明： (1) 本人持有合法有效的驾驶试乘试驾车辆的驾驶执照。 (2) 本人在试驾过程中将严格遵守车辆驾驶及乘车有关的一切法律法规的规定。 (3) 本人服从贵公司陪驾人员的要求和指示。 (4) 本人严格按照既定试驾路线行驶，做到安全驾驶、文明驾驶。 (5) 本人严格按照贵公司规定的试驾流程进行试驾活动。 (6) 本人试驾过程中尽最大努力和善意保证试驾车辆的安全和完好。 在试驾过程中如违反上述规定或因非贵公司原因，造成自身和/或他人身体伤亡、贵公司和/或他人财产的一切损失，本人将承担全部责任！ 试驾者签字：_____ 试驾者驾驶证号码：_____ 试驾者联系方式：_____ 陪驾者签名：_____ 　　　　　　　　　　　　　　　　　　　　____年___月___日

模块六　试乘试驾

> 【案例 6-2】
>
> **安抚不宜试驾客户的情绪**
>
> 客户李先生来展厅是想为公司选一款商用车，他没有驾照，而且也缺乏驾驶经验，按照公司规定，是不能上路试驾的，但是，无论汽车销售人员如何解释，客户一再坚持要上路试一试，不让试的话就去别的店看车。
>
> 汽车销售人员：李先生，一看您就是单位里的顶梁柱，平时还是别人为您开车的时候多吧？您看这样好不好，我是我们店驾龄最长的员工，就让我来做一回驾驶人，我们去环线上遛一圈好吗？
>
> 汽车销售人员：李先生，看来您对这款车真的非常喜欢。是这样，公司规定没有驾照的客户是不能上路试驾的，这是为了安全起见，您一看就是通情达理的人，我相信您肯定能理解这一点。
>
> 分析：选车、购车之前先进行试乘试驾几乎成为大部分客户的一种汽车消费习惯，但是，试驾也是有风险的，尤其是客户没有驾驶证或者缺少驾驶经验的时候，很可能会发生事故或意外。因此，汽车销售人员要严格遵守企业的相关规定，慎重考虑是否允许客户试驾以及在什么路况下试驾等。对于条件不符合但坚持要试车的客户，销售人员应该晓之以理，动之以情，耐心地劝服客户，或者采取可行的变通方法，既让客户有体验的机会，又要保证行车的安全。

单元二　客户试乘

一、客户试乘时的工作要求

试乘试驾活动按要求，首先请客户试乘，由销售人员驾驶。在这一阶段的工作要求是：

1）让客户熟悉路况，为接下来的顺利试驾做好准备。

2）销售人员在驾驶的过程中，要注意提醒客户，体验乘坐的舒适性，并通过自己边驾驶边介绍，让客户对车辆有进一步的了解，提高对车辆的信心，激发客户试驾的兴趣。

3）销售人员驾驶车辆时，要依据车辆行驶的状态进行车辆说明，全面展示车辆的动态特性，让客户有更加切身的感受。

4）销售人员在驾驶的过程中要向客户讲解此次试驾的主要内容，让客户了解在什么地方试加速性能、什么地方试制动性能、什么地方试转向、什么地方体验悬架系统、什么地方感受静谧性等，这样在接下来客户自己试驾的过程中，客户就知道应该试什么内容，在什么时候试，这样一方面提高了试驾的效果，另一方面也提高了试驾的安全性。

5）选择安全地点换手，将车熄火，驻车制动手柄拉起。

二、客户试乘时的工作流程

1）引导客户上车前，就所试驾车辆做简要介绍。例如：

"高先生,在开始试乘试驾之前,我给您做一个简单的情况介绍。"

"我们已经为您挑选了一条比较适合试车的路线,全长大约八千米,等一下我会先开一圈以便您熟悉车辆的性能特点和路线,接下来,您就可以亲自驾驶这车了。"

"在驾驶过程中,有两件事情要请您注意一下,第一当然是要注意安全,毕竟您的安全是最重要的,因此请您务必遵守交通规则并听从我的引导;第二,在驾驶过程中,我会适时提醒您行驶的路线,这样您就完全不必担心走错路,尽情享受试驾的乐趣了。"

"高先生,如果您没有问题的话,我们现在就上车吧。"然后引导客户进入车内。

2)客户上车后,帮客户调节座椅提醒系好安全带,在此时重点向客户提及车辆的整体外观及总体感觉。销售顾问(或专业试乘试驾员)应系好安全带并提醒客户系好安全带,可播放轻音乐,以不会打扰与客户交谈为宜。

3)出发前,就车内各项配置的使用做简要介绍。

4)起步时讲解发动机的设计特性(低转速高转矩)。

5)试乘中,让客户依次感受各种性能(空调、乘坐舒适性、加速性、制动性等)。

6)介绍路线,重点讲解加速路段和转弯路段。

【案例6-3】

销售人员驾驶,客户试乘

场景:展厅里,销售人员已安排好带着他的客户赵先生一家三口同去试车。

销售人员:赵先生,现在我们出去试车,先由我来开,你们感受乘坐时的感觉,熟悉一下路段,然后再由您来开,您看好吗?

赵先生:好啊!

(赵先生一家和销售人员一起上了车,共四人,赵先生坐在了前排,他的妻子和儿子分别坐在了后排。)

销售人员:各位请看我的操作,如果有不太明白的地方马上说出来,我会重新解释。我先来演示座椅的调整,因为每一个驾驶人上了车后第一个动作就是要感受位置是否合适。座椅前后的调整就拨动这个钮,靠背的调整拨这个钮。一会儿,赵先生来试驾的时候,可以试一试。

赵先生:这和其他车没有太大区别呀。

销售人员:是的,如果您以前经常开车的话,会很熟练。然后大家看一下刮水器,通过转向盘下的拨杆控制频率。

赵先生的儿子:我要试试。

销售人员:等你长大了再试好吗,先让你(的)爸爸替你试。我们再来看看仪表板的各项显示及报警功能……

分析:销售人员要尽量将驾驶过程中可能涉及的部件功能及使用讲解清楚,不要以为自己懂了,每一位客户就都懂,先详细地讲,不要上来草草说上几句就上路。如果遇到小孩子好动,应该用委婉的话语制止小孩子的操作。

在客户试乘时,销售顾问要注意说话的艺术,使客户随时留意所要体验的内容,以达到最终促成交易的目的。

模块六 试乘试驾

【案例6-4】

试　乘

销售顾问："买车子不仅要我们自己开得舒服，其他座位乘坐的感觉也很重要。"

客户："那是，肯定不能只考虑自己的感受。"

销售顾问："您也不能买台车回去家人都坐得不舒服吧，正好您自己先试乘一下，那样才是最实际的，对不对？"

客户："就是。"

销售顾问："最关键的也是为了保证您的安全，让您能更放心地试车，我会先开一遍，让您也熟悉一下整个路线。"

客户："好的。"

销售顾问："我们开始说过，试乘试驾最重要的是确保客户的安全，这里是一份安全驾驶协议书，您看这里面的条款说的是只要您遵守交通规则，所有的责任都由我们公司来承担，您可以在这里签字。"

【案例6-5】

试　起　动

销售顾问："发动机刚起动时的声音会比正常运转时大一点，这是因为发动机的最佳工作温度是90℃，冷车时发动机会自动转得快一点，让车子尽快达到最佳温度。"

客户："是吗？"

销售顾问："是的，大概两分钟后发动机的转动速度会降至正常状态，您可以留意一下。"

客户："好的，我注意听听。"

销售顾问："您听到声音变小了吧，您对我们车子发动机的怠速自动调整功能还满意吧？"

客户："可以，挺好的。"

【案例6-6】

试　起　步

销售顾问："现在我们就去试试车子吧，我学车的时候师傅告诉我，起步准稳是很重要的，会直接影响到油耗、轮胎磨损、将来的二手车残值等。"

客户："是，起步一定要平稳。"

销售顾问："为什么出租车的二手车价格那么低？就是因为驾驶人不注意这些方面，影响了整个车子的性能。"

客户："哦。"

销售顾问："您觉得我们的起步很平稳吧？"

客户："还行。"

75

【案例 6-7】

试 隔 声

销售顾问:"张先生,您也觉得外面很嘈杂吧?现在我把窗子关上,您听一下车辆的隔声效果如何。"

客户:"嗯,好的。"

销售顾问:"怎么样?感觉安静了好多吧?"

客户:"嗯,外面的声音变小了好多。"

销售顾问:"那您觉得我们的隔声效果挺不错吧?"

客户:"不错。"

【案例 6-8】

试 提 速

销售顾问:"高先生,请您坐好了,我们现在试一下这台车子的提速,您靠好座椅,同时扶好扶手。"

客户:"好的。"

销售顾问:"看提速主要留意两个方面:一是有没有推背感;二是发动机的声音是不是很浑厚,有没有金属摩擦的杂音。"

客户:"是这样的呀。"

销售顾问:"刚刚您感觉到推背感了吧?"

客户:"嗯,就是。"

销售顾问:"您注意到了吗?当我深踩加速踏板时,发动机的声音很浑厚,而且没有多余的杂音。"

客户:"是,注意到了,确实没有多余的杂音。"

【案例 6-9】

试 制 动

销售顾问:"高先生,您开过车,也知道我们在路上最怕遇到突然蹿出自行车或行人等情况,我们会紧急制动同时打转向盘,对不对?"

客户:"对,最怕突然蹿出个人来。"

销售顾问:"我们现在的速度是60km/h,现在马上就试一下紧急制动,同时我会打一把转向盘,请您坐好、扶稳。"

客户:"好的"。

销售顾问:"刚才您听到那种'啪啪'的声音了吧?这就是ABS在工作,它其实是在帮我们做快速的点制动。"

客户:"哦。"

销售顾问:"这样就能保证我们在紧急制动的时候转向盘依然能控制车辆方向,说实在的,我们自己都很放心这辆车子的制动。"

客户:"是这样的啊。"

销售顾问:"您对这样的制动效果满意吧?"

客户:"满意!满意!"

【案例6-10】

试 转 弯

销售顾问:"高先生,您有没有了解过,一台车的底盘好不好,在车子转弯时就可以很好地体会到?"

客户:"我听朋友说过。"

销售顾问:"我之前的一个老师是赛车手,他开过我们这个车,说我们的底盘非常好。"

客户:"是吗?"

销售顾问:"我也问了他,他说底盘好不好,车辆转弯后能不能很流畅地回正很重要,同时车辆的摆动也不能太大。"

客户:"原来是这样的啊!"

销售顾问:"我就在前面路口给您试一下转弯。"

客户:"好的。"

销售顾问:"您看我们的车子,不需要过多地额外干预,只要轻轻地扶着转向盘,它就自动回正了,而且摆动幅度很小,坐的人感觉很舒服,也很有安全感,这个底盘调校得真不错!您觉得是不是啊?"

客户:"感觉不错。"

【案例6-11】

试 悬 架

销售顾问:"高先生,接下来我们试一下悬架吧。"

客户:"可以。"

销售顾问:"悬架好不好主要看两个方面:一是转弯是不是够平稳,这个前面已经给您试过了;二是舒适性。这两个方面很难兼顾,所以相对来说,我们的悬架会比较硬,但是我要给您试一下。"

客户:"好的。"

销售顾问:"在一般的平坦道路上,悬架是否适度可以说是几乎不会有区别的,只有颠簸路面才会感觉不一样。您看,前面那段路路面比较颠簸,我陪您走一下吧!"

客户："那我就要好好感受一下了。"

销售顾问："不同的悬架对细小颠簸的吸收程度不同，其实您最重要的是感觉车身的颠簸程度大不大。"

客户："哦。"

销售顾问："我觉得这辆车过滤了一些不必要的颠簸后还能给我路感，所以我的同事都很喜欢开这辆车。相信您也可以接受这个悬架吧？"

客户："是吗？"

销售顾问："对了，您平时跑的路是一般的平坦路面多呢还是颠簸的石子路多？"

客户："平路，现在石子路很少了。"

销售顾问："那我就放心了，不然我宁可不建议您买这款车了。"

【案例6-12】

试 顿 挫 感

销售顾问："对了，高先生，您刚才试驾时有没有感到明显的顿挫感呢？"

客户："没有。"

销售顾问："您知道为什么这个自动档车的通病这款车却没有吗？"

客户："为什么呢？"

销售顾问："其实有两个主要的原因：一是因为我们采用了一个很先进的六档手自一体变速器，这个变速器甚至比普通四档的还要轻；二是发动机和变速器调校得非常匹配。等一下您亲自试开时也一定要留意一下哦。"

客户："好的，我会的。"

单元三　客户试驾

一、客户试驾时的工作要求

试驾的过程对于客户来说是一个比较兴奋的阶段，这个阶段，如果准备得充分，可能很快就可以帮助客户下定购买的决心。让客户通过亲身的体验和感受，加上销售人员周全的策划与热情诚恳的服务，必将起到意想不到的作用。

客户试驾时销售人员的工作要求：

1）在预定地点，确认周围安全的情况下停车，销售人员与客户交换，由客户进行试驾。

2）再次提醒客户安全驾驶的有关事项。

3）销售人员一定要在客户的视线范围内换到副驾驶座，避免出现危险。换手时，不要让客户急于起动，要协助客户调整座椅位置、后视镜、转向盘，空调调到合适的温度，音响的选曲和音量调节等，销售人员要确认客户乘坐舒适并系好安全带。

4）在客户驾驶的过程中，销售人员的话就要少一些了，让客户自己去体验，但销售人员不是完全什么都不做了，而应该提醒客户体验的重点。总体来说，在客户驾驶汽车的时候，销售人员应尽量保持安静。

5）销售人员要仔细倾听客户的谈话，观察客户的驾驶方式，发现更多的客户需求，耐心解答问题。

6）当客户有明显的危险驾驶动作时要及时处理。

二、试驾中与客户沟通要点

试驾中要根据不同阶段引导客户使用和感受车辆性能。下面是一些环节的沟通举例。

1）起步阶段：这款车配备了电动助力转向，您看起步打方向时是不是很轻松？

2）直线行驶：您看直线行驶时，发动机运转是不是很平稳？

3）加速时：您加速时，是不是感觉很有力？

4）转弯时：您在转弯时是不是感到车的侧倾不大，底盘很扎实？

【案例6-13】

行驶途中细心提示及提醒

场景：汽车销售人员与孙先生及其女朋友一起在试驾，之前由销售人员驾驶，在可以停靠的地方销售人员和孙先生进行了换位，由孙先生亲自来体验驾驶的乐趣。

孙先生：我们就按照你刚才走的线路走，是吗？

销售人员：是的。您放心开，但速度不要太快，到了中间那段路车少的时候您再加速就可以了。

孙先生：这我知道了。之前我们有一台车，是手动的，这回要买个自动档的，我女朋友也可以开。（起动）

销售人员：孙先生，这里您可以慢慢加速了……感受一下座椅的推背感，怎么样？

孙先生：嗯，不错，感觉非常明显。

销售人员：孙先生，前面二百米左右有个小坑，可以适当减速了……

孙先生：我要试一下制动性能了。

销售人员：我看看后面有没有车。没问题，您可以试了……

销售人员：前面有个转弯处，我们体验一下转向性能吧。

……

一路上，伴着美妙的音乐，销售人员陪同孙先生愉快地完成了试驾。

【案例6-14】

试驾过程

销售顾问："来，您自己亲自试一下，您会感受到这是一款非常优秀的车，同时也正是您想要买的那款车。这是带防盗功能的钥匙，只要轻轻一按这个键，车门就会解锁。"

客户："是很方便。"

销售顾问："您试着开关一下车门，听一下声音是不是很厚重？"

客户："确实是。"

销售顾问："您再试一下车门开启后的自动关闭功能，您会发现只要轻轻一推车门边缘，无须用力就会自动关好，这可是其他同级车所不具有的。"

客户："确实不错。"

销售顾问："来，您坐到驾驶座上，自己调节一下这款电动座椅。对，就这样！很正确！共有十个方向可供调节。这应该就是您认为应该配备的座椅吧！"

客户："是。"

销售顾问："您再感觉一下这款座椅的包裹性，是否感觉到整个身体都被座椅牢牢地包裹起来。您也知道，只有高档车才会有这种感觉！"

客户："不错。"

销售顾问："现在，您可以把钥匙插进锁孔，右脚踏紧制动踏板，开始起动发动机。请注意听一下发动机的声音，再次感受一下这款性能优异的发动机给您带来的驾驶乐趣。"

客户："加速踏板反应很灵敏。"

销售顾问："您试着加大油门（用力踩加速踏板），体验一下提速的感觉，看一下推背感觉如何？"

客户："提速还真快，推背感很强。"

销售顾问："这正是您要找的那种感觉吧？"

客户："没错。"

单元四　试乘试驾后

试乘试驾的目的是销售，因此，汽车销售人员不能让客户完成试乘试驾后就离开，要注意乘胜追击，了解客户对试车的评价和看法，为后期进行目标客户的筛选分类和跟进工作打下基础。

一、填写"试乘试驾意见表"

在客户试车完毕后，引导客户回到展厅，让其坐下来好好休息一下，可为客户倒上一杯茶水，舒缓一下客户刚才驾车时的紧张情绪，并适当地称赞客户的驾驶技术，并请客户填写"试乘试驾意见表"。

客户对试乘试驾的评价和意见是非常重要的信息，它可以体现客户对试驾车型的满意程度，同时它可以透露客户在选车时主要的诉求点，并且它对以后选车、购车的客户来说也是非常具有说服力的销售工具。

表6-2是一例"试乘试驾意见表"，根据实际情况，建议由客户口述评价和意见，由销售人员执笔填写，然后由客户签字确认。

模块六 试乘试驾

表 6-2 试乘试驾意见表

试乘试驾意见表

试乘试驾车型：_____　　　　　　　　　　　　　　____年___月___日

1. 请您就以下项目对试乘试驾车型给出您的意见：

项目					
起动、起步	□好	□较好	□一般	□差	□很差
加速性能	□好	□较好	□一般	□差	□很差
转弯性能	□好	□较好	□一般	□差	□很差
制动性能	□好	□较好	□一般	□差	□很差
行驶操控性	□好	□较好	□一般	□差	□很差
驾驶视野	□好	□较好	□一般	□差	□很差
乘驾舒适性	□好	□较好	□一般	□差	□很差
静谧性	□好	□较好	□一般	□差	□很差
音响效果	□好	□较好	□一般	□差	□很差
空调效果	□好	□较好	□一般	□差	□很差
操控便利性	□好	□较好	□一般	□差	□很差
内部空间	□好	□较好	□一般	□差	□很差
内饰工艺	□好	□较好	□一般	□差	□很差
上下车便利性	□好	□较好	□一般	□差	□很差
外型尺寸	□好	□较好	□一般	□差	□很差
外部造型	□好	□较好	□一般	□差	□很差

2. 您对随同试驾人员的满意程度？
□很满意　　　□满意　　　□一般　　　□不满意　　　□很不满意

3. 您对经销店试乘试驾服务的满意程度？
□很满意　　　□满意　　　□一般　　　□不满意　　　□很不满意

4. 您的其他宝贵意见和建议：
_____

姓名：_____　　地址：_____
电话：_____　　E-mail 信箱：_____

二、试乘试驾后两种情况的处理

试乘试驾结束后，一般存在着两种情况，一种是对汽车的各项性能感到满意，另一种就是还不适应车子给他带来的感受。销售人员要注意不同情况区别对待：

1）客户感觉良好。当客户对自己看中的汽车没有其他意见，这时，销售人员可以根据客户所表现出来的成交意愿，趁热打铁，着重强调客户比较在意的特性和优点，以打动客户，促成交易。

2）客户还有一些疑问没有得到解决。在这种情况下，销售人员应主动询问客户在驾车的过程中还有哪些问题，根据客户所提供的信息进行详细的解答，解答之后不妨问一句："那现在您的感觉如何呢？"

3）如果客户对汽车的性能不太满意，而问题的解决之道并不在于汽车本身，就无须做无用功，可以转向介绍其他的车型来弥补客户的遗憾。

【案例 6-15】

体验后积极征询客户评价

汽车销售人员：魏先生，刚刚试驾了一圈，您最大的感受是什么呢？

客户：我觉得在高速上那一段感觉特别不错，加速的时候，推背感强烈，能听到发动机的轻微低鸣，再配上音响带来的摇滚乐，那种驾驶快乐真是难以形容。

汽车销售人员：是呀，高速上行驶是挺有感觉的，这款车的前麦弗逊后多连杆独立悬架系统很有欧系运动型轿车的风格，而且多了稳固性和坚实感。我们刚行驶在坑洼路面时，转向盘还会有轻微的跳动，路感很清晰。而在普通路面行驶，跳动感又不会很明显，可以说是收放自如，舒适感和动力性共存，您说是吧？

客户：我在网上查资料的时候，就看到有网友说，这款车最适合我这样的三十而立的人开，该放松的时候这车可以让人放松，该狂奔的时候这车可以跑得比其他车都要野。它还真是这样的一款车。

汽车销售人员：魏先生，看来您对车真的挺有研究的。我很想知道，这款车有没有什么地方不太让您满意呢？

客户：油耗太厉害啦，百公里15个油呢，这样的一款车，养起来还真挺费力的。还有就是，这款车虽然从外形上看挺大气的，但是车内的空间其实并不大，前排空间还可以，但是后排空间就有点挤了。

汽车销售人员：您说的是有道理的。这款车的标准油耗在11个左右。今天我们是冒着晌午太阳出去的，一直开着空调，所以油耗高了些。这款车其实空间不能说小，后排座椅是可以调节的，您看，这样调节一下，是不是显得空间要大多了呢？

客户：唔，这样看起来还不错。

汽车销售人员：您要是喜欢这款车，我们库房还有黑色和红色两种颜色。

客户：哦，我不急着买，再看看。

汽车销售人员：魏先生，不买没关系，您能试驾我们这款车，并且给出这么多专业的评价，我们已经很高兴了。我们店喜欢将客户们试驾的评价和反映记下来，贴在我们展厅的这面墙上，您介不介意我把您刚才的评价也贴上去呢？

客户：哦，是吗？当然可以了，我也很想看看其他人试车后的感受呢……

分析：试车之后正是客户对汽车印象最深的时候，汽车销售人员应抓住机会询问客户对试驾车的评价和看法，以判断对方的意向与喜好。客户对车型有问题或疑义，销售人员应及时给予解答说明；客户对车型赞不绝口，喜爱之情溢于言表时，销售人员则可以趁热打铁，试探着向客户发出成交信号，即使客户拒绝了，销售人员也可以用张贴试驾评价的方式来吸引客户驻留，了解其他客户的试车意见，这样，无疑再次加深了客户对该款车型的印象和好感。

模块要点

1. 试乘试驾的三大工作：试驾前的准备、试乘试驾的过程及试车后的评价。

2. 试驾前的准备工作非常重要，销售人员要将车安排妥当，将试驾过程中的注意事项提前和客户讲清楚，同时，设计好试驾路线。

3. 试乘试驾的过程中，先由销售人员驾驶客户试乘，然后再转由客户驾驶。在销售人员驾驶的过程中，销售人员不仅要尽量给客户展现车辆的优异性能，而且要把客户的需求点突出。客户驾驶的时候,销售人员尽量少说话,关键要起到提醒的作用。

4. 试驾后的评价能帮助销售人员更加了解客户对车辆的感受,可以更有针对性地解决客户关心的问题,为日后的目标客户分类和跟进打下基础。

复习思考题

一、判断题

1. 试乘试驾的参与者是销售顾问与客户。   (   )
2. 试乘试驾的关键是促成交易。   (   )
3. 试乘试驾的目的是使客户建立对产品的信心。   (   )
4. 试乘试驾的实质就是让客户买车。   (   )
5. 试乘试驾是动态的产品介绍。   (   )
6. 试乘试驾时应多指导、多说话。   (   )

二、单项选择题

1. 试乘试驾的参与者是销售顾问与_____。
   A. 客户   B. 顾客   C. 消费者   D. 试车专员
2. 试乘试驾的_____是使客户建立对产品的信心,促成交易。
   A. 目的   B. 宗旨   C. 用意   D. 意图
3. 试乘试驾的_____是销售顾问去引导客户寻找对产品的认同感。
   A. 关键   B. 重点   C. 要点   D. 主旨
4. 试乘试驾是静态产品介绍的_____。
   A. 延续   B. 继续   C. 延伸   D. 发展
5. 试乘试驾可以建立客户对产品的_____。
   A. 信心   B. 信念   C. 理念   D. 认知
6. 试乘试驾可以收集更多的客户_____。
   A. 信息   B. 资料   C. 材料   D. 讯息
7. 试乘试驾可以满足客户的_____。
   A. 好奇心   B. 好胜心   C. 虚荣心   D. 成就感
8. 试乘试驾可以使客户有_____感受。
   A. 切身   B. 真实   C. 实际   D. 实在
9. 客户试乘试驾时要多赞美,多_____。
   A. 纠缠   B. 表扬   C. 夸奖   D. 赞扬
10. 试乘试驾必须严格按照_____路线行驶。
    A. 试驾   B. 规定   C. 约定   D. 试乘

三、多项选择题

1. 客户试驾时要_____。
   A. 多赞美   B. 多恭维   C. 少说话   D. 少干扰
2. 试乘试驾时要为客户的以下利益着想_____。
   A. 安全性   B. 经济性   C. 舒适性   D. 动力性
3. 出发前的操作介绍包括_____。
   A. 安全方面   B. 舒适方面   C. 配置方面   D. 操控方面
4. 试乘试驾常遇到的问题包括_____。
   A. 起步慢   B. "三噪"   C. 制冷弱   D. 悬架硬

  E. 悬架软   F. 空间小
5. 试乘试驾流程的重点包括_____。
  A. 安静性和行驶舒适性 B. 加速性   C. 稳定操控性   D. 驻车性能
  E. 高速性能

四、简答题

1. 怎样理解试乘试驾的概念？
2. 试乘试驾的目的与作用有哪些？
3. 试乘试驾的注意事项包括哪些内容？
4. 试乘试驾存在哪些问题？
5. 试乘试驾常见问题怎么解答？
6. 试乘试驾的难点有哪些？
7. 试乘试驾要点包括哪些内容？
8. 试乘试驾的重点是什么？
9. 邀请客户试乘试驾，如果客户说"我还有事，没时间了"怎么办？

五、角色扮演：将学生分组，分别扮演客户与销售顾问，指定车型，进行演示。

（1）试驾前向客户概述。
（2）客户试乘中的沟通与介绍。
（3）客户试驾中的沟通与介绍。

六、按表 6-3 内容根据范例，填写试乘试驾中引导客户体验感受的话术

表 6-3 试乘试驾中引导客户体验感受的话术

项 目	内 容	话 术
驾驶中的视觉感受	光线、视野、灯光等感受	"您看仪表板的亮度非常适合吧？" "后视镜的角度是否合适，侧面的视线看起来很方便吧，还需要调节一下吗？"
驾驶中的听觉感受	发动机、噪声、音响等感受	
驾驶座位的乘坐感受	座椅、空间大小、角度、舒适度等	
驾驶中温度的感受	空调的温度、舒适度	
驾驶中速度的感受	平均速度、起动速度、瞬时速度、直线加速等	
驾驶中的舒适性	车辆在不平坦的路段上行驶的感受、车辆的爬坡性能	

模块七

异议处理

> **学习目标:**
> - 了解客户异议的含义
> - 理解客户异议产生的原因
> - 掌握客户异议处理的方法
>
> **技能要求:**
> - 能识别客户异议的类型
> - 能分析和处理客户异议

单元一 客户异议的类型

一、客户异议的含义

异议是指客户在购买产品的过程中产生的不明白的、不认同的、有疑义的、有顾虑的意见。它存在于见面交谈、初步接触、产品介绍、试乘试驾以及销售促成等每一个环节。汽车销售人员如果能准确地辨别并妥善处理好这些异议，就可以及时消除客户的疑虑，增强其购买信心和欲望，最终促使客户做出购买决策。因此，正确对待和妥善处理客户异议是销售人员必备的基本功。

二、客户异议的类型

客户异议是多种多样的，正确理解客户异议的内容，区别与判断不同的异议类型才能有的放矢地处理好客户异议。

客户异议的类型包括需求异议、财力异议、权利异议、产品异议、价格异议、购买时间异议、政策异议、服务异议、心理异议及情绪异议等。

1. 需求异议

客户主观上认为自己不需要所销售商品的一种异议。

2. 财力异议

客户以支付能力不足或没有支付能力为由而提出的一种购买异议。

3. 权利异议

客户以自己无权决定购买产品而提出的异议。

4. 产品异议

客户对产品的内在素质、外观形态等方面而提出不同看法和意见而形成的异议。

5. 价格异议

客户认为产品的价格与自己的估价不一致而形成的异议。

6. 购买时间异议

客户认为自己购买商品的时机还未成熟而形成的异议。

7. 政策异议

客户对自己的购买行为是否符合有关政策的规定而有所担忧进而提出的一种异议。例如，小排量的车是否会受到限制，待购车型排放是否达到最新国家标准等。

8. 服务异议

客户针对购买前后一系列服务的具体方式、内容等方面提出的异议。

9. 心理异议

大多数人对生活中的某些改变会产生抵触情绪，对新事物的接受需要过程，如果让客户从原来用的品牌转到另一个品牌更是难上加难。

10. 情绪异议

如果正碰到客户的情绪处于低潮时，没有心情进行商谈，客户容易提出异议。假如说销售人员正在向他展示汽车的过程中，他突然接了个电话，电话那边告诉他，他的股票暴跌，那可想而知，他暂时是没有心情再看车了。

> 【案例7-1】
>
> ### 产品异议——我不是非常喜欢这款车
>
> 汽车销售人员：您对刚刚试驾的这款车喜欢吗？
>
> 客户：我不太想要这款车。
>
> 汽车销售人员：为什么呢？（一探"为什么"）
>
> 客户：我不是非常喜欢它。
>
> 汽车销售人员：您能跟我说说为什么不喜欢吗？（二探"为什么"）
>
> 客户：这款车的款式有点老，看起来和你们几年前推出来的车型没什么区别。
>
> 汽车销售人员：我不得不说，您真是好眼力，总能一眼看到本质的东西。这款新车确实是延续了我们品牌最经典的车型款式。它霸道犀利的前脸、高高上翘的腰线、动感流畅的车身，让爱车之人一眼就能感受到它澎湃的动力。我们有很多客户都和您一样，一进展厅，就被它的外形迷住了。
>
> 客户：嗯……它的款式确实很不一样。但是，我还是要考虑一下。

模块七 异议处理

汽车销售人员：李先生，我觉得，除了款式之外，您还有其他的顾虑，如果您信得过我，能不能说出来，看我能不能帮您解决？（三探"为什么"）

客户：唔……是这样，我上午去了附近的C车行，我觉得你们这款车不如他们的B品牌车的配置好。

汽车销售人员：李先生，谢谢您能这么坦诚地告诉我您的想法，您为什么觉得B车的配置比我们好呢，能说说具体是哪些配置吗？（四探"为什么"）

客户：B车比你们多了两大配置……

分析：对销售人员来说，客户对汽车产品明确地提出异议或者质疑，并不是难以应对的状况，真正麻烦的是客户心存异议，却不愿意吐露出来，而是寻找其他借口或说辞来掩盖。很多汽车销售人员对客户的拒绝和异议有一种本能的惧怕与恐慌，一旦客户摇摇头，摆摆手，说一声"不"，有些销售人员的心态就开始受影响，甚至知难而退，例如这时销售人员会对客户说："哦，没关系，您可以看看展厅的其他车，我们各种价位各种配置的车都有，您再看看，肯定能挑出满意的。"可是在对客户的异议点弄清楚之前，销售人员即使推荐其他车型也很难有十足的把握打动客户。本案中销售人员通过了解客户的异议点，对后续的销售将会有很大帮助。

【案例7-2】

价格异议——你们的车不错，但太贵了

客户：我觉得，你们的车还不错，但是太贵了。

汽车销售人员：陈先生，您为什么会觉得这一款车贵呢？（询问为什么）

客户：我来之前在网上查的价格比你刚才的报价要便宜8000多元呢！

汽车销售人员：嗯，这种情况是有可能的。为了吸引客户，网上的报价通常都会比实际价格低。陈先生，您会不会在网上买汽车呢？

客户：这……我会上网查查价格和配置，但是上网买车，我没考虑过。

汽车销售人员：是啊，网上购车虽然会便宜一点，但是质量与售后服务难以保障。汽车不比衣服鞋帽，它是大件、贵重的商品，网上即使报价再低，真正购买却不实际。您放心，现在汽车这一行的竞争非常激烈，信息也非常透明，价格上很难有水分。我们店是市内最大的经销商，给您的肯定是最优惠的价，这一点我非常有信心。我们经常会了解同行的汽车售价，我报给您的价格确实是最低的。您是企业老板，社交圈子大，而且交往的都是精英人士，我们不想和您做一锤子买卖，我们更希望您购车满意，能多介绍朋友来光顾，所以，在价格上报的都是实价。

客户：哦，是这样啊，我明白了。

分析：客户在选车前，可以通过多种渠道获得汽车信息，如网络、4S店、汽车城、亲友介绍等，因此，大多数走进展厅的客户都是有备而来，尤其是在价格上，他们事先都做了了解。当客户认为价格贵的时候，汽车销售人员首先应该弄清客户比较的是哪个渠道的价格，这样销售人员才可能给客户以合理可信的解释。

【案例 7-3】

价格异议——便宜三千吧，不行就算了

典型场景：

客户："你看，能不能便宜 3000 元，要是可以，我就马上下单，要是不行就算了。"

销售人员："便宜 3000 啊？李先生，现在汽车的价格那么透明，我们平时卖一辆汽车的利润都不到 3000 元呢。"

常见的错误应对：

"李先生，便宜 3000 元的话我们就亏大了，这怎么可能，不可能少那么多啦！您行行好，至少别让我们亏本吧。"

"对不起，那是不可能的事情！"

"不好意思，我们这里不讲价！"

"很抱歉，这已经是最低价了！"

这几种说法都是告诉客户议价是不可能的事情，客户如果对价格有异议那就请离开。"这怎么可能，不可能少那么多啦！"这个回答是暗示客户降价是可以的，但不能降幅太大，让客户感觉价格存在较大的水分。

情境分析：在汽车销售过程中，砍价、议价就好比拉锯战，买卖双方都希望能以各自最理想的价格成交，当客户很有购买诚意，但要求必须进行价格让步时，销售人员一定要掌握好让步的技巧，如果让步太快、太多就会提高客户的期望值。在进行让步时一定要有耐性，不要太早摊牌，而且要表明让步是有条件的，例如价格不降，提供其他小支持；价格降低一些，但是服务条款要少一点等。为价格让步设置一些障碍是为了让客户感觉到让步很难，例如需要请示领导就是一种障碍而且也是销售人员让步下台阶的最好方式。

应对范例一：

客户："别说那么多啦，再少 3000 元我就要了！"

销售人员："我猜您只是开玩笑说便宜 3000 就买吧！"

客户："不会，我今天是带了信用卡过来的，只要您同意少 3000 元，我马上就交款。"

销售人员："可是我没有那么大的权力，如果您真想买，那您就先交点订金，然后我再去请示经理，他如果不同意，我就把订金退还给您，您看行吗？"

客户："不用那么麻烦啦，您先去问，如果他同意了我就签合同交钱了。"

销售人员："我就说少 3000 元您也不会买，再说了，如果没收到订金，我去找经理好不容易批下来，您又变卦了，我怎么交代。您还是再考虑考虑吧！"

客户："好吧，我先交 500 元订金，您去问吧。"（销售人员在收到订金后，离开片刻再回来。）

销售人员："太好了，经理批准了，请到这边签合同吧！"

应对范例二：

客户："别说那么多啦，再少 3000 元我就要了！"

销售人员："我很理解您的心情，也知道您很有诚意想买这款车，其实我也很想做成这笔买卖，但是我没有这个权限啊！"

> 客户："那你去问经理吧！"
> 销售人员："如果您已经决定今天就买，而且带足了订金的话，我才敢去找经理呀！"
> 客户："当然啦，只要他答应少3000元，我马上就签合同、交定金！"
> 销售人员："那好吧，我现在就做一份合同，价格就是降低了3000元的，您先签字，我再找经理签字，如果他同意了，那事情就办成了，您说呢？"

单元二　客户异议的产生原因

客户异议产生原因往往比较复杂，识别客户异议产生的根源对有效处理异议有着至关重要的作用。客户异议产生原因包括客户方面的原因、产品方面的原因、销售人员的原因及价格方面的原因。

一、客户方面的原因

1. 客户在汽车方面的经验和知识欠缺

大多数客户对汽车这种产品不具备相应的专门知识。由于客户缺乏消费知识，或销售人员不能详尽地介绍产品，会导致客户提出异议。这种异议可以经销售人员自身努力而克服，因而销售人员应重视售前的产品知识训练。

2. 客户的偏见

客户由于自身经历等方面的原因，往往会提出一些不合理的异议，这往往是由客户的偏见造成的，如客户对日本品牌的汽车在安全性上的评价总要打折扣。偏见导致客户在看问题时十分片面，缺乏整体观念，且偏见一旦形成就很难克服。因此无论是企业还是汽车销售人员，在进行宣传或销售时务必要谨慎，不要轻易让客户产生偏见。

3. 没有意愿

客户的意愿没有完全被激发出来，销售人员的绕车介绍和安排的试乘试驾活动没有针对客户的需求有的放矢，结果没有引起客户的注意，也没有取得客户的认同。

4. 需要无法被满足

客户的需要不能得到充分的满足，因而无法继续购买行为。

5. 没有支付能力或预算不足

由于汽车产品的价格与客户的心理价位不符合、客户的预算不足、客户目前暂时缺乏资金支付能力或遇到按揭付款等方面的麻烦也会产生价格上的异议。

6. 抱有隐藏式的异议

客户抱有隐藏式异议不愿说时，也会提出各种各样的异议。
比较常见的异议有：
1）你们的价格怎么比另一家的高呢？
2）如果我买了以后不久又降价了怎么办呢？
3）听说这款车油耗蛮大的，动力也不足。
4）我买车之前，每一个经销商都说自己的售后服务好，其实谁知道呢？

5）你的这款车上的进口件所占比例怎么这么少呀？

6）车身比人家短，空间怎么会大呢？

出现以上情况的原因是客户可能听到了不正确的信息或者是受到了竞争对手的恶意诱导，又或者是客户没有理解销售人员的话，具体有：

1）习惯性的抗拒心理，排斥销售人员。

2）销售人员在做产品介绍时未说清楚或有疏漏的地方。

3）客户为了达到降价的目的，虚张声势。

4）客户可能听到了不正确的信息，既有竞争对手的，也有媒体误导的。

5）客户以往吃亏上当的经历使其产生这种心理，其中既有自己的又有朋友的，如大多数客户都担心在购车以后的售后服务不完善。

因此，解决"误解"的有效方法就是：首先要弄清楚客户误解的真正来源，然后再对症下药，拿出准确、可靠的信息和客户交流。这些准确可靠的信息既可以是相关的文字信息，也可以是某些客户的反馈信息。

二、产品方面的原因

1. 产品的质量

产品的质量是产品的一切属性中最重要的属性，它是产品的生命。汽车产品质量的好坏直接影响到客户的购买行为。客户对产品的功能、造型等方面的选择都是以产品质量令客户满意为前提的。如果客户认为产品质量不过关，或不能达到令他满意的标准，就会提出异议，且一切通常很难改变。

2. 产品的功能

功能是指产品的功用、效用，这决定了产品能给客户带来的使用价值的大小。所以功能的多少也是客户选择汽车产品时的一个重要依据。若功能太多或太少，或功能不能符合客户的需要，客户当然会提出异议，从而拒绝购买该产品。

3. 产品的外形、颜色、内饰等

产品的外形、颜色、内饰等属性是产品的非基本属性。但是，随着汽车市场产品的不断增多，竞争日益激烈，不同品牌汽车在质量、价格、性能等方面相差无几。在这种情况下，客户对产品的要求越来越高，对其外形、颜色、内饰等方面的重视程度也不断增加。若产品的外观没有什么特色，或不能满足客户的特定需求，客户就会对产品的这些方面提出异议。

三、销售人员的原因

销售人员要自我检查是否存在以下问题：

1）自身的行为举止和态度让客户反感。

2）夸夸其谈，客户怀疑不真实。

3）说明产品时过多地使用了高深的专业术语，让客户觉得自己无法使用，碍于面子又不好深究。

4）说得太多，听得太少，以致没有搞清楚客户真实的购买需求。

5）与客户争论、抬杠。

6）对客户没有给予应有的尊重。

7）事实调查不正确，引用了不准确的调查资料。

8）故作姿态，处处让客户感觉难堪。

事实上，销售人员在与客户交流的过程中，一旦让客户感到不愉快，客户轻者会马上提出许多主观上的异议，重者则会马上撤离，终止购买行为。因为客户担心，即使在这里买了车，在以后的售后服务问题上也会合作不愉快。因此，如果销售人员自身能够做好，避免发生上述情况，实际上可以减少许多客户异议的产生。

四、价格方面的原因

在现实中价格异议往往是销售人员与客户之间谈判的焦点，价格方面的原因使客户提出异议的情况在销售中是比较常见的，一般多表现为客户认为价格过高而与销售人员讨价还价，但也有认为价格偏低而拒绝购买产品的。

1. 价格过高

客户认为产品价格过于昂贵，或认为高于同类产品竞争对手的产品价格。通常客户购买时都会考察市场并货比三家，了解其大致价格，并将此产品的价格与之相比较。对于客户认为价格过高的产品，客户若确实有购买欲望的话，一定会与销售人员进行讨价还价。

2. 价格过低

在某些情况下，客户会因销售商品的价格过低而拒绝购买产品。这是因为客户心里有种"便宜没好货，好货不便宜"的想法，产品价格低，就担心产品质量存在瑕疵或"偷工减料"等。

【案例7-4】

同样的车，C店要便宜得多

客户：就是这款车，连配置都是一样的，我昨天去的那个C店，售价比你们要便宜2000元呢。

汽车销售人员：林先生，我们这个品牌的车销量很不错，在市内确实有好几家经销商，您说的这个C店在什么地方呢？（试探真假）

客户：在××路那里。

汽车销售人员：哦，没错，那里是有一家店，我们店有两个同事就是刚从那里调过来的。他们的售价确实比我们要便宜1000～2000元。不知道在C店购车有没有什么优惠活动或者赠品呢？

客户：好像是送车膜和地胶。

汽车销售人员：林先生，如果今天您选中了一款车，您觉得在以后的一年时间里，上车险、洗车、保养这一块大概要花多少钱呢？

客户：少说也得3000～4000元吧。

汽车销售人员：对呀，您估算得没错。我们之所以比C店贵出2000元，因为我们会免费赠送您一年的车险、洗车服务和保养服务。我们通过对老车主、老客户做回访，了解到很多车在使用几年后出现问题，有很大一部分是因为第一年新车与主人没有很好地磨合，我们赠送您一年的洗车、保养服务，就是希望能及时了解您用车的情况，以便发生问题后可以及时帮您妥善处理，让您的爱车越用越好，越用越顺手。

客户：原来是这样的，我明白了。

汽车销售人员：如果您没有问题的话，今天就可以当场提车了……

分析：客户能够走进展厅，并且细心地对比价格，就已经表明他们对这款车充满兴趣。如果汽车销售人员能够稳住情绪，巧妙地挖掘有关竞争者的信息，冷静地分析客户的心理，将自己与竞争者之间的差异体现出来，要说服客户是并不困难的。

单元三　客户异议的处理

一、处理客户异议的态度

销售人员首先要认识到汽车这种商品不同于小件商品，大多数能来展厅看车的客户不会像逛商店那样漫无目的、可买可不买，或只是随便看看，有80%以上的来展厅看车的客户都是有购买倾向的。对于他们提出的异议，销售人员应该基本上把他们划归到有效异议上来，这种异议大多数都可以揭示客户的需求点，从中了解更多的信息，帮助销售人员有针对性地销售汽车，所以处理好客户异议通常被认为是销售成功的关键。

销售人员处理客户异议时应保持积极的态度，做到下列五点：

1）保持情绪轻松自然，不要紧张。异议是客观存在的，出现异议后要保持冷静想办法处理。

2）认真倾听，表示积极的姿态。即使客户异议有时不合理，是对企业或产品的偏见，也应对其表示尊重。

3）重述问题，表示已理解客户所要表达的意思。

4）谨慎回答，始终保持友善。应以沉着、坦白、直爽的态度，将有关事实、数据、资料或证明，以口述或书面方式提交客户，措辞恰当，语调要温和。

5）准备撤退，保留后路。不是客户所有异议都能解决，但销售人员与客户在洽谈中所持有的态度及采用的方法，对于未来的关系有很大影响，应设法使日后重新洽谈敞开大门，"买卖不成人情在"。

二、客户异议处理时机

在处理客户异议过程中，选择适当的时间来回答客户的提问，对于能否或能在多大程度上使客户接受，起着决定性的作用。很多时候，同样的问题，同样的答复，只是由于回答的时机不同，也会产生不同的结果。

销售人员选择对客户异议答复的时机通常有四种情况：

1. 在客户异议尚未提出时解答

防患于未然，是消除客户异议的最好方法。销售人员觉察到客户会提出某种异议，最好在客户提出之前，就主动提出并给予解决，这样可使销售人员争取主动，先发制人，从而避免因纠正客户看法，或反驳客户意见而引起的不快。

模块七 异议处理

2. 异议提出后立即回答

面对异议，销售人员必须视情况而定，立刻处理或延后处理。其中绝大多数异议需要立即回答。这样，既可以增强客户购买信心，又对客户表示了尊重。立刻处理异议的情况如：客户提出的异议是属于他关心的重要事项时；必须处理异议后才能继续进行销售的说明时；当处理异议后，能立刻要求下订单时。这些情形发生时最好立即回应。

3. 暂时保持沉默或推迟回答客户提出的异议

对有些客户异议若急于回答反倒是不明智的。可选择暂时保持沉默或推迟回答的异议有：对销售人员权限外的或不能确定的事情，要承认自己无法立刻回答，但保证会迅速找到答案；当客户在还没有完全了解产品的特性及利益前，提出价格问题时，销售人员最好将这个异议延后处理；当客户提出的一些异议，在后面的产品说明中能够更清楚解决时；异议显得模棱两可、含糊其辞、让人费解时；异议显然站不住脚、不攻自破；异议不是用三言两语可以解决得了的；异议超过了销售人员的能力水平；异议涉及较深的专业知识，解释不易被客户马上理解等。在这些情形中急于回答客户此类异议是不明智的。经验表明，与其仓促错答客户提出的十个异议，不如从容地答对一个异议。

4. 无须回答客户提出的异议

在有些情况下，当客户提出许多异议时，其中有一些可能只是客户一时的想法，顺口提一提，并不一定对交易产生大的影响，不必每问必答。如：无法回答的奇谈怪论、容易造成争论的话题、废话、可一笑置之的戏言、异议具有不可辩驳的正确性、明知故问的发难等。

【案例7-5】

妥善应对价格异议

场景：日产某汽车展厅里，何先生已经基本看好了某款车，但当最后要交定金的时候，何先生提出了异议。

何先生：相比别的车，这车怎么贵了2万多？

销售人员：何先生，同档次的车中，这车技术含量高、零配件质量好，本身日系车的质量就较好，况且日产车在驾驶过程中故障率是很低的，您买了车后，可能只要花一些保养费用就可以了，在保修期内，保养的话还能免工时费。您这样再算算，就不会觉得贵了。

何先生：那也不至于贵2万多呀！

销售人员：您看，刚才我刚帮您分析了贵的原因，如果您把隐性的价值算在里面，您所能得到的实惠可不止2万多哦。

三、客户异议处理方法

客户的异议多种多样，处理的方法也千差万别，必须因时、因地、因人、因事而采取不同的方法。在销售过程中，常见的处理客户异议的方法包括转折处理法、转化处理法、补偿法、委婉处理法及冷处理法等。

1. 转折处理法

这种方法是销售工作中的常用方法，即销售人员根据有关事实和缘由间接否定客户的异议。应用这种方法是首先承认客户的看法有一定道理，也就是向客户做出一定让步后才讲出自己的看法。此法一旦使用不当，可能会使客户提出更多的异议。在使用过程中要尽量少使用"但是"一词，而实际交谈中却包含着"但是"的意见，这样效果会很好。只要灵活掌握这种方法，就会保持良好的洽谈气氛，为自己的谈话留有余地。

2. 转化处理法

这种方法是利用客户的异议自身来处理。一般认为客户的异议是有双重属性的，它既是交易的障碍，同时又是很好的交易机会。销售人员要是能利用其积极因素去抵消其消极因素，未尝不是一件好事。

3. 补偿法

如果客户的异议的确切中了所销售产品或企业所提供服务中的缺陷，千万不可以回避或直接否定。明智的方法是肯定有关缺点，然后淡化处理，利用产品的优点来补偿甚至抵消这些缺点。这样有利于使客户的心理达到一定程度的补偿，有利于使客户做出购买决策。

4. 委婉处理法

销售人员在没有考虑好如何答复客户的异议时，不妨先用委婉的语气把对方的异议重复一遍，或用自己的话复述一遍，这样可以削弱对方的气势。有时转换种说法会使问题容易回答得多，但只能减弱而不能改变客户的看法，否则客户会认为歪曲他的意见而产生不满。销售人员可以在复述之后问一下："你认为这种说法确切吗？"然后再说下文，以求得客户的认可。例如客户抱怨："这价格比上个月高多了，怎么涨了这么多。"销售人员可以这样说："是啊，价格比上个月确实高了一些。"然后再等客户的下文。

5. 冷处理法

对于客户一些不影响成交的异议，销售人员最好不要反驳，采用冷处理的方法是最佳的。千万不能客户一有异议，就一味反驳或以其他方法处理，那样就会给客户造成不好的印象。

【案例7-6】

我要先和家人商量商量

客户：买车也不是小事，十多万元呢，我要先和家人商量商量。

汽车销售人员：杨先生，是不是我们这款车您不太满意啊？

客户：不是，不是，我都试了两回车了，它给我的感觉非常好。我就是想听听家里人的意见。

汽车销售人员：确实，买车要花钱，养车也需要花钱，而且车子也是要与家人一起使用的，家人的参与确实很重要。杨先生，您这样细心顾及全家人的感受，您的家庭一定很幸福。

客户：呵呵，还可以。

汽车销售人员：杨先生，我有个小故事，不知道您想不想听呢？我对小时候的事情印象不深，但是有一件事记得特别清楚，五六岁的时候吧，我爸瞒着家人买了一台电视机，用大红的包装纸盖着，摆在桌子上，蒙着我的眼睛让我打开包装，当我看到电视机的时候，我乐得整整两天没心思吃饭，直到现在我还记得当初又惊又喜的心情。我觉得，如果您真的喜欢这辆车，那么您的妻子和孩子也一定会喜欢的，为什么不给他们一个惊喜呢？后天就是周末，您想，当您蒙着孩子的眼睛，将他抱到副驾驶座上，再放开手让孩子看到这款帅气的车时,他该有多么兴奋啊!我相信,就算他到我这个年纪时,也还会记得第一次看到这款车时的情景。

客户:呵呵,是呀,我爸当年买回第一台电视的时候,我也跟你是一样的心情。你这个点子好,就这么办吧,给孩子一个惊喜。

汽车销售人员:那您看,选什么颜色呢?您孩子最喜欢哪种颜色呢?

分析:如果客户坚持要先询问家人或者朋友的意见再决定是否购车,汽车销售人员应表示理解,不能一步不让地逼着客户当场做决定。销售人员也要向客户详细了解决策人的情况,并索取联系方式,请客户定下时间邀请决策者一起试车、购车,最好是说服客户交一定的订金,待决策者同意后再签合同、交车款。

【案例7-7】

我对你们的质量不放心

客户:你们B品牌最近召回了不少车吧,我对你们的质量还真是不放心啊。

汽车销售人员:我很高兴您能这么直爽地跟我分享您的看法。我们今年确实主动召回了部分车型,一共是3179辆,出现这样的问题,我们非常抱歉,最难得的是三千多位车主和客户给予我们的支持与理解。(**一句理解**)

汽车销售人员:有一位高先生,他是去年从我们店买的车,后来还介绍了两位朋友来买车,接到召回通知后,他说:"现在很少有汽车厂商能够做到零缺陷、零召回的,主动召回能体现厂商负责任的态度,还有切实解决问题的信心,如果车子有隐患问题,而厂商还遮遮掩掩,那这个品牌反而会让人失去信心。"高先生对我们的检修结果很满意,现在车子用得很好,上周他还带了一位同事过来买了一款车呢。(**一个故事**)

客户:哦,是吗?

汽车销售人员:黄先生,我理解,如果您对这款车的质量不放心,即便我劝说您买下了这款车,您心里还是会有疑惑,还是不会太放心,您说是不是这样呢?(**推心置腹**)

客户:是啊,你说得没错。

汽车销售人员:您已经知道我们品牌最近的召回事件,可是您还是愿意来看我们的车,这说明您对B品牌还是很有好感的,是吧?(**试探客户的态度**)

客户:你们毕竟是大品牌嘛,而且车子确实还不错。

汽车销售人员:谢谢您对我们品牌的关爱。黄先生,是这样的,我们的车友会明天有一期活动,会请一些老客户来试驾最新推出的车型,他们都是我们B品牌车的老用户,对车子的性能与质量感受最深。您能不能抽时间参加我们的活动,与这些车友好好交流一下,他们的意见与建议肯定能帮您做出最明智的选择。而且,这次活动,您可以在专业的试车场来试驾您看好的这款车,相信您会对它有更深的认识的。(**一个实证**)

客户:好啊,我也很想听听别人用你们的车都有哪些感受……

分析:客户对产品质量的忧心和质疑,是大部分汽车销售人员必须学会面对的,世界上没有十全十美的企业,更没有十全十美的汽车,无论是企业,还是汽车产品,或多或少

汽车商务礼仪与销售技巧

都是存在"硬伤"的，这样的"硬伤"直接影响客户的购车决策，销售人员需要慎重处理。首先，坦承客户指出来的实际问题，诚恳地表达认同与理解；然后，引入一个案例故事，通过老客户的实例来表明"召回"并不意味着质量差，反而展现了企业勇于认错并且努力改进的态度，更加值得客户信赖；最后，主动邀请客户参与车友会活动，向老车主求证用车感受。通过这些，汽车销售人员有力地说服了客户，有效地化解了疑虑和异议。

模块要点

1. 异议是指客户在购买产品的过程中产生的不明白的、不认同的、有疑义的、有顾虑的意见。它存在于见面交谈、初步接触、产品介绍、试乘试驾以及销售促成等每一个环节。

2. 客户异议的类型包括需求异议、财力异议、权利异议、产品异议、价格异议、购买时间异议、政策异议、心理异议及情绪异议等。

3. 常见的处理客户异议的方法包括转折处理法、转化处理法、补偿法、委婉处理法及冷处理法等。

复习思考题

一、填空题

1. 客户的异议类型包括需求异议、_____、_____、_____、_____、购买时间异议、_____、_____、_____。

2. 常见的处理客户异议的方法包括_____、_____、_____、_____及冷处理法等。

二、根据案例，分析销售人员的错误之处并回答如何改善。

（1）客户：如果现在就买，还有什么额外的优惠吗？

销售人员：还要优惠，我们都要亏本了！

（2）客户：我还要再考虑考虑！

销售人员：车子这么合适，您就不用再考虑啦！

（3）销售人员：这款车是刚上市的新车，最大的卖点是在同排量、同级别的车中，油耗最低，甚至比××牌的汽车还要低1.2L。

客户：你说的好像有点夸张，我的朋友开的就是××牌的车，油耗没有你说的那么高，而且我听说你们这款车实际油耗比说明书的还要高。

销售人员：没有啦！我们这款车的确是油耗最低的，因为发动机采用的是全铝设计。

三、根据范例，在表7-1中填写几种常见的客户异议的隐含信息。

表7-1 客户异议的隐含信息

客户异议	隐含信息
我觉得这款车性价比不高	你要证明你的车物有所值
我没听过这牌子	你要证明……
我还想再看看其他的车型	你要证明……
这款车对我好像不太适合	你要证明……
我只是过来看看，并不打算买	你要……

模块八

促成成交

 学习目标：
- 了解成交促进的必要性
- 了解客户成交的信号
- 掌握促成成交的方法

 技能要求：
- 能识别客户的购买信号
- 能熟练应用促成成交的方法

单元一 识别客户购买信号

经过客户异议处理，或在客户离开后跟进联络等一系列环节后，成交就成为销售的最终目的了。无论汽车销售人员前期做了多少工作，与客户之间建立了多么友好密切的关系，如果销售人员不主动建议签约，客户又没有果断决策的话，那么再好的关系、前期的工作做得再完美也无法取得最终的销售成果。因此，汽车销售人员要善于捕捉促成客户购买的最佳时机和稍纵即逝的购买信号，善于主动创造成交的气氛和机会，并针对不同类型的客户采取不同的方法和技巧，促使客户做出签约购买的决策。

购买信号是指客户在接受销售的过程中有意无意流露出来的各种成交意向。购买信号的表现形式十分复杂，常见的分为语言信号、行为信号、表情信号及事态信号等。

一、语言信号的常见表现

在客户的这些言谈中，尽管没有明确提出成交，但已明确地流露出成交的意向了，表现如下：

1）客户经过反复比较挑选后，话题集中在某款车型时。
2）客户对汽车销售人员的介绍表示积极的肯定与赞扬时。
3）客户（专心聆听、寡言少语的客户）仔细询问付款及细节时。
4）客户将销售人员提出的交易条件与竞争对手的交易条件相比时。
5）反复提出已经答复过的或已弄清的问题。
6）进一步压低价格，当出价合理时，仍然坚持压价。

7）要求做出某些保证，如"买了你们的车，出了故障怎么办"。
8）表达一个直接的异议，如"这里有一点小划痕，应该怎么处理"。
9）使用与购买相关的假设句型，如"假如一次性付全款，能优惠吗"。
10）提出附加条件，如"还有其他优惠吗，有没有赠送什么东西"。
11）开始询问同伴的意见，与同伴低语商量时。
12）询问售后服务、维护里程、维修地点等事项时。

二、行为信号的常见表现

1）十分关注销售人员的动作和谈话，不住点头。
2）反复、认真翻阅汽车彩页广告、订购书等资料。
3）使用计算器或在纸上试算，翻阅日历或记事本思考。
4）离开了又再次返回。
5）认真地实地查看汽车有无瑕疵。
6）转身靠近销售人员，掏出香烟让对方抽表示友好。

三、表情信号的常见表现

1）面部表情从冷漠、怀疑、深沉变为自然大方、随和、亲切。
2）眼睛转动由慢变快、眼神发亮而有神采，从若有所思转向明朗轻松。
3）嘴唇开始抿紧，似乎在品味、权衡什么。
4）当汽车销售人员说明有关细节和付款方法时，客户显出认真的神情。
5）向与他同来的伙伴使眼色，彼此相互对望，或者眼神里传递着"你的意见怎么样"这种神情。

四、事态信号的常见表现

事态信号是在销售人员向客户销售过程中，随形势的发展和变化所表现出来的成交信号。如客户要求看销售合同书；客户接受销售人员的重复约见；客户的接待态度逐渐转好；在面谈中，接见人主动向销售人员介绍企业的有关负责人或高级决策人等。这些事态的发展都明显地表现出客户的成交意向。

【案例8-1】

识别购买信号

汽车销售人员："张先生，您也亲自试驾过了，您觉得这款车怎么样？"
张先生："十天后肯定可以提车吧？不会让我等好几个月吧？"（购买信号一）
汽车销售人员："您放心，十天之后可以提车！您是要分期付款对吧？"
张先生："嗯，我打算首付六成，其余的分12期吧……"（购买信号二）
汽车销售人员："您要没什么其他问题，咱们看看合同吧？"
张先生："那好……"（购买信号三）
张先生："如果你们交的车有毛病，怎么办呢？"（购买信号四）
汽车销售人员："交车时会让您当面验收的，保证没有问题……"

模块八 促成成交

识别购买信号需注意几个方面：客户的购买信号稍纵即逝，因此需要汽车销售人员密切观察，一旦捕捉到这些信号，就要主动采取适当的促成交易的策略。客户对于购买信号的透露并不是单一的，通常是多种方式互相结合的。当汽车销售人员捕捉到客户的购买信息后，一定要鼓足勇气提出成交要求，促使客户购买。汽车销售人员要相信自己的判断，不要因为犹豫而错失良机。客户刚刚看到产品时，可能会详细询问产品的具体情况，这种情况不可笼统地归为购买信号。客户一般都是在了解了产品的相关信息后才会发出购买信号。

单元二　成　交　策　略

通常情况下，大多数客户在最后要做出购车决策时往往会再三斟酌，即使他们对某款车非常喜欢，一般也不会果断地、主动地提出签约购买的要求，销售人员必须主动出击，引导客户做出最终决策，方能实现销售。

成交策略有：

1）识别客户的购买信号。

2）保持积极的心态，不要坐等客户提出成交要求。

3）掌握成交时机，随时促成交易。有三种常见情况可视为促成交易的好时机：当重大的销售异议被处理后；当重要的产品利益被客户接受时；当客户发出各种购买信号时。

4）主动建议成交，引导客户做出决定。

【案例8-2】

掌握成交时机，随时促成交易

展厅里，毛先生已经是第二次来了，这次他详细问了该款车的配置和价格，以及可以附送的礼品，和销售人员聊了有一个多小时。

毛先生：手动档的车和自动档的车差这么多钱呀！

销售人员：是呀，您之前也开过车，也知道手动档变速器和自动档变速器在技术含量上相差不少，贵也是合情合理的。您夫人的驾驶技术如何？平时还有谁开车的机会多一些？

毛先生：新手开自动档的好一点，我夫人开车技术就不太熟练，要买还真得买个自动档的。以前我们家的那台手动档车就我开了，每天还得接送她上下班。

销售人员：一看就知道毛先生是个好老公，时刻都想着您的爱人。那么就这样，现在交定金，如果采取分期付款的方式，可能就需要等上一个月的时间，但如果是一次性付清，只要等一周的时间就可以。您准备选择哪种付款方式呢？

毛先生：我和我太太商量好了，这次要买款自动档的。因为我们之前那款车已经放在二手车市场寄卖了，听那边的评估师说车一放在那边，就有买主出了不错的价钱定了，这样，我们准备一次性付款。

销售人员：那太好了，我们公司在搞活动，对于这个月5号到下个月5号期间买车的车主，不管是买的哪款车，怎么付款，都可以享受我公司送的全车防爆膜、倒车雷达和三次保养送机油的优惠。怎么样，毛先生，您看一下这份合同，如果没有什么异议可以考虑在上面签字享受新车了。

> 毛先生：好，我再看看合同，签好后给你。
> ……
> 分析：上例中销售人员在领悟谈话内容时做了积极的试探。从客户的实际行动与表面印象中可以看出他对于销售人员所提的事情的确感兴趣。这一试探节省了销售人员和客户的时间，且不会错失良机。

单元三 成交方法

成交方法是在成交过程中，销售人员在适当的时机，用以启发客户做出购买决定，促成客户购买的销售技术和技巧。实际运用中要把握不同客户人群的特点。

一、不同客户人群在成交环节中的特点

1）男性客户比女性客户的决定速度快，这是由性别特征所决定的。

2）公务车的购买速度比私人用车的购买速度快，一旦用车单位有了购车指标，并指定了车型，不需要过分比较，讨价还价后就可以立刻签购买合同。

3）买高档车的客户相对比买中低档车的客户购买速度快，因为每款高档车都有独特的功能特性，买高档车的客户购买目的非常明确，买哪款车、要从车中享受什么都已清楚，而中低档车多集中在家用车上，每款车的个性不是很鲜明，所以给车主很大的选择空间，同样配置，外观略有差异，价格也有差异，导致车主就要选来选去，延长购买的时间。

4）经济发达城市的居民选择时间短于不发达城市的居民。

5）对于要购买刚上市车的客户，他们的决定速度相对快一些。

6）信誉好、售后服务完备的车的销售速度相对较快。

7）自己做生意的车主比公务员类车主或普通打工者的决定速度快，尤其那些买车用作商务的老板，一旦他觉得对他的生意有帮助，基本看过一次就会下决定。

8）说话快、直接，走起路来步子大，动作幅度大，这样的客户的购买速度较快。

二、典型的成交方法

在销售实践中促成成交的方法有很多，本节列举一些汽车销售中常用的促成成交方法，包括请求成交法、假定成交法、选择成交法、利益成交法及暗示成交法等。

1. 请求成交法

请求成交法是指销售人员直接要求客户购买其销售品的一种成交方法。通常，在下列几种情况下可用请求成交法。

1）对老客户用请求成交法较为适宜。因为买卖双方已建立了较好的人际关系，并且销售人员了解客户的需求，客户也已经接受了商品。因此，客户一般不会回绝销售人员的购买建议。

例如，面对老客户，销售人员可以轻松地说："您好！近来生意不错吧，昨天刚有新车

型到，您打算要什么颜色？"

2）客户已发出购买信号时，可采用请求成交法。客户对商品产生好感，已有购买倾向，但一时又拿不定主意，或不愿主动提出成交需求，用请求成交法可以促成客户的购买行为。

例如一位家庭主妇对销售人员推荐的某车型感兴趣，反复询问它的安全性能和价格，但又迟迟不做购买决定。这时销售人员可以用请求成交法帮助她做出购买决定："这种车型既实用又美观，买下它吧。价格上我给您特别的优惠，希望您向亲友、邻居推荐一下。"

3）直接用请求法来提醒客户考虑购买问题，做出购买决策。例如有时候客户对销售人员推荐的产品表示兴趣，但思想上还没有马上意识到成交的问题。销售人员在回答了客户的提问或详细介绍完车型后接着说："清楚了吗？您看什么时候给您办理上牌？"或者说："产品的质量没问题，厂家实行保修。请您填一下订单。"其实，这样的请求并非一定就是要马上成交，而只是集中客户的注意力，让客户意识到应该对是否购买这个问题做出考虑。

运用请求成交法必须把握时机。如果时机不当，可能会给客户造成压力，破坏成交的气氛，反而使客户产生一种抵触成交的情绪，甚至可能使汽车销售人员失去成交的主动权。一般来说，请求法还适用于以下情况：客户在听完介绍后，没有表示异议，甚至对销售人员的介绍表示十分的赞同；客户对某一汽车已有好感，购车意向比较明显，但不愿主动提出成交建议；销售人员在处理完了客户的重大异议之后或成功地帮助客户解决了某些困难；当销售顾问拿着合同做试探，而客户没有明确的拒绝反应。

【案例8-3】
销售人员："潘先生，是否能把您的身份证给我，让我帮您办理购车手续。"
顾客："好的。在这里。"
销售人员："手续办完了，这边请，我们去挑选一辆新车吧！"

2. 假定成交法

假定成交法是指销售人员假定客户已经接受销售建议，在同意购买的基础上，通过提出一些具体的成交问题，需要客户对某一具体问题做出答复，从而要求客户购买的一种成交方法。假定成交法回避是否购买的问题，减轻客户的心理压力，只就有关具体问题与客户商议，让客户感觉自己已经决定购买，从而自然过渡到成交的实质性活动上。

例如，"韩小姐，现在没有什么问题了吧？那您准备什么时候提车？""看得出来，您对这台车的各个方面都比较了解，也比较喜欢，您若购买，是喜欢红色还是白色？"

假定成交法的局限性也十分明显。这种方法使用不当，会使客户形成心理压力，破坏成交气氛。在使用这种方法时，要注意下列几点：

1）善于分析客户，有针对性地使用。一般地说，依赖性强、性格比较随和的客户以及老客户，可以采用这种方法。但对那些自我意识强，过于自信的客户，则不应使用这种方法。

2）善于把握机会，适时地使用。一般需在发现成交信号，确信客户有购买意向时才能使用这个方法，否则会弄巧成拙。

3）**善于制造销售气氛，自然地使用。** 要尽量使用亲切、温和的语言，切忌语气咄咄逼人，形成高压气氛，使客户望而却步。

【案例8-4】

　　汽车销售人员：您一定会对它满意的。您想一次性付款还是分期付款？**（一次假定）**
　　客户：这个……我还想再考虑一下。
　　汽车销售人员：这款车的越野性能非常突出，最适合您这种热爱旅行和户外活动的男士。您要不要给车加上导航？**（二次假定）**
　　客户：不用了，我还没决定买。
　　汽车销售人员：相信我，它是值得您拥有的好车，千万别错过了。两周后提车可以吗？**（三次假定）**
　　客户：好的……**（假定成功）**

　　假设成交法的前提是客户对汽车销售人员推荐的车型确实比较喜欢，并且形成了一定的购买意向。

　　在使用假设成交法时，汽车销售人员需要注意的是汽车销售人员应巧妙地转换用词，让客户真正融入其中，把自己当成汽车的主人，如"这款车"转换为"您的爱车"、"我建议"转换为"您打算"。汽车销售人员要注意保持自然，不要让客户感觉到汽车销售人员是在催促其做购买决定。如果客户压根就不喜欢这款车，汽车销售人员就不应该急于求成，硬性推销。汽车销售人员的一言一行都不要露出任何顾虑，不要让客户觉得不买也有一定道理。

3. 选择成交法

　　选择成交法是指汽车销售人员通过提出选择性问句，为客户提供一种购买选择方案，并要求客户立即做出购买决策。它将客户带到购物的情境中，在假设客户一定会购买的基础上为其提出购买决策的选择方案，即先假定成交，后选择成交。

　　例如，"您要蓝色的还是红色的？""您是现金还是分期付款？"让客户在提供的选择范围之内做出回应。要注意的是，最好提出的方案就两项。

　　选择成交法适用的前提是客户不是在买与不买之间做出选择，而是在产品属性方面做出选择，如产品价格、规格、性能、服务要求、订货数量、送货方式、时间、地点等都可作为选择成交的提示内容。

【案例8-5】

　　销售人员："余小姐，您是喜欢自动档的还是手动档的？"
　　顾客："我想还是自动档的吧。"
　　销售人员："那好，对于颜色您是喜欢珍珠白还是喜欢苹果绿呢？"
　　顾客："我比较喜欢这种珍珠白。"

4. 利益成交法

　　利益成交法是销售人员总结先前向客户介绍的各项产品利益，将特别获得客户认同的地方汇总，扼要地再提醒客户，加强客户对利益的感受，同时要求达成协议。

模块八 促成成交

【案例8-6】

销售人员:"余小姐,这款汽车,能让您从视觉体验和操控方面得到最大限度的满足,它很适合您的喜好以及个人习惯,可以帮助您解决以往开车不够称心如意的遗憾。此外,您还可以采用分期付款的方式购买,把省下来的钱用在其他需要的地方,比如您刚才所说的要买一套房子。这样,您就可以早日实现有房有车的目标了。您看,咱们是否就这么定了?"

客户:"好的,你说的有道理。谢谢你。"

5. 暗示成交法

暗示成交法指向客户描述未来使用产品的情景,做有意的肯定暗示或购买暗示,可使客户更为积极,是让客户也想尽早达成交易的一种催化剂。

【案例8-7】

"余小姐,您看,买车后当您购物完两手拎满东西时,有了这款智能钥匙,您就用手直接拉开车门就行了,省却了您放下东西找钥匙开门的麻烦。您说多实用啊。"

"在这个经济不景气的时期,购买我们的车一定可以让您多赚钱。"

6. 诱导成交法

例如"您现在购车,我公司搞促销活动,某月某日到某月某日期间,送前风窗贴膜,数量有限哦。"如"您现在购车,正好赶上后天接上节假日,您可以带着家人出门旅游,多方便啊。您看,现在天气多好哇,不冷不热,正是出游的好季节啊。"

7. 赞美成交法

该方法比较适合那些自认为专家、十分自信的客户,让其内心接受你的赞扬,促其成交。

8. 优惠成交法

在公司允许或得到授权的情况下,给客户一点优惠,促进成交,"如果您今天做出决定,我争取赠送您一副脚垫,或者增加免费保养的次数,或售后服务价格"等。

按客户在促成成交阶段所侧重的方向,也可根据客户的情况采取不同的应对方式。

【案例8-8】

客户注重售后维修服务时的促成交易应对

销售顾问:"张先生,像贵公司这样好的生意,车子用的是比较多的,车辆需要经常维修,是吗?"

客户:"是的。"

销售顾问:"我们的维修网点是当地最多的,配件也都是原厂生产的,不但方便,而且维修质量好。"

客户:"这个我知道,买你们的车就是因为质量好,服务方便。"

销售顾问:"现在购买,还可以享受一次免费的全面保养,一个月后到这边来做,可以使您的车更经久耐用。"

汽车商务礼仪与销售技巧

> 客户："太好了。"
>
> 销售顾问："另外，购买我们的车还可以享受一年的免费维修，在免费维修期间，相关配件也可以只收成本费，对贵公司来说绝对是物超所值的，贵公司领导肯定会高兴的。"
>
> 客户："好，你们有上门维修服务吗？"
>
> 销售顾问："有的，在本市区内，我们提供24h免费上门维修服务，在本市区之外，收取适当的上门费用。"
>
> 客户："那出现意外情况就不用担心了。"

三、签约注意事项

当客户决定购买之后，销售人员应及时与客户签订购车合同或订单，并详细说明合同的条款，务求让客户能详尽了解此次购车的具体细节内容，包括各项费用及相关的责任条款等。

为保证签约的顺利进行，在签约中要注意如下事项：

1）签约前销售人员必须熟悉合同文本，能熟练填写，并为客户做出通俗易懂的解释。

2）准确填写合同中的相关资料。一般汽车销售店的合同都是打印好的格式文本，销售人员在填写的时候一定要认真，特别是在车型、车辆识别代码、颜色、规格、客户资料等内容的填写上不能出现错误，并要求客户进行最后的确认。

3）客户对合同条款提出修改意见时应以说服为主，尽量不做修改，如果客户坚持要修改，销售人员应请示销售经理协商解决。

4）确认报价的内容。根据报价单的内容确认合同中各项费用的数额，包括车辆价格、保险费、上牌费、精品加装的费用等内容，确认费用的项目、单价、合计数是否正确，避免出现差错。

5）确认交货期。在汽车销售的过程中，由于受车型、颜色的影响，一般的经销店都会存在货源不足的情况，有些车型和颜色可能需要订货，因此，在签订合同之前，销售人员一定要再次检查库存状况，对于没有现车的车型，要确认车辆的到货时间，并向客户说明，得到客户的认可，才能在合同中注明交货时间。

> 【案例8-9】
>
> **签约中注意服务细节**
>
> 汽车销售人员：余先生，再跟您确认一下，您要订购的是灰色的A车，深色内饰，是吧？
>
> 客户：嗯，没错。
>
> 汽车销售人员：好的，我们一起来看一下这份合同吧，有一些条款我需要跟您解释一下……
>
> 汽车销售人员：您看，不知道我有没有把合同解释清楚，您还有没有什么问题呢？

模块八 促成成交

客户：有一条我想补充一下，我有很多朋友买的也是热门车型，签合同的时候都说好是一个月内交车，但是很多时候过去好几个月了甚至半年都提不到车，我想加一句，如果两个月内你们交不了车，我可以要求退款。

汽车销售人员：余先生，您有这样的担心我很理解。我们以前跟很多客户签约时都是约定一个月内交车，除了去年因为天灾导致了延期交车外，从来没有出现过延时交车的情况。

客户：既然这样的话，那么加上这一条也没有关系嘛。

汽车销售人员：合同要做修改的话，我需要请示一下经理，您稍等一下……余先生，我们经理同意了，可以加上您的补充要求。您看合同还有没有其他的问题呢？

客户：没有了。

汽车销售人员：那好，请您在这里签字。（客户签字后引领其办理相关交费手续）

汽车销售人员：余先生，恭喜您成功订购我们的A车，相信这款车一定会让您满意的！

分析：在正式签约的那一刻——买还是不买？买了会不会吃亏？会不会后悔？当客户抱着这样的心理时，汽车销售人员如果稍不留意，很可能在最后关头失去客户。在这个阶段，销售人员要注意，耐心细致地解释合同文本、根据客户的修改意见谨慎修改合同条款、快速简便地办理交费手续、真诚自信地道谢送别。每一项工作，销售人员都要认真谨慎地对待，让客户感受到售前售后一如既往的工作热情与服务态度。

【案例8-10】

强调客户利益

汽车销售人员："王先生，很高兴与您愉快地交流，这是您看中车型的价目表。"

客户："好，我看看，还能再优惠吗？"

汽车销售人员："王先生，贵公司是大公司，生意一直非常好，关键是要买到性能好、品牌声誉好的车子，是吗？"

客户："是的，杂牌车我们不会买，我们一次买几辆车，价格上再优惠一点。"

汽车销售人员："王先生，贵公司是我们的老客户了，我们一直是给贵公司最低价的，价格实在不能再低了。"

客户："是吗？看来我只能到别的地方去看看了。"

汽车销售人员："请问贵公司是现金付款还是分期付款？"

客户："现金付款。"

汽车销售人员："好，如果您用现金付款，我再给领导申请一下，看能不能再给您优惠1%，分期付款不能再优惠了。"

客户："好。"

汽车销售人员："王先生，为了保障贵公司的利益，我们还推出了降价退款的保证，如果一个月内同型号的车价格下降，我们将把差价退还给贵公司，这样您可以放心了吧，贵公司领导绝对会满意的。"

105

> 客户："好的，还有其他优惠吗？"
>
> 汽车销售人员："王先生，我们是多年合作的老朋友了，为了以后更长期的合作，我们送您一张VIP卡，您可以在我们这边享受长期的免费洗车服务，可以吗？"
>
> 客户："好吧。"
>
> 汽车销售人员："王先生，有关证件您带来了吗？我帮您办相关手续。"
>
> 客户："好的，给你。"
>
> 汽车销售人员："手续办完了，我们去挑新车吧。"
>
> 客户："好的，走。"

四、促成成交训练

1. 客户提出与家人商量后再决定是否购买

【典型场景】

客户："买车也不是小事，20多万元呢，我自己决定不了，要回家与家人商量后再决定。"

【常见的错误应对】

"这款车真的很适合您，还商量什么呢？"这样的回答语气太强势，易引起客户的反感和排斥。

"您这么喜欢，就不用考虑了！"这种回答比较空洞无力，对客户来说没有说服力。

"好啊，欢迎你们商量好了再来！"这种回答表面上很客气，实际上客户会有被下逐客令的感觉。

【情境分析】

客户提出要回家与家人商量后再决定，其真实想法可能有两种：一是害怕自己做出错误的决定，需要和家人商量后共同做出决定；二是客户有可能把与家人商量当作挡箭牌推延购买的时间，以便为自己争取更多利益。销售人员在处理这个异议时，首先要理解客户的做法，然后找出客户提出异议的真实原因，如果客户要与家人商量的异议是真实的，那么可以用合适的理由促成成交；如果客户只想要获得一些优惠条件，那就适当做出一些让步或保证，促使客户立即做出购买的决定。

【应对范例一】

客户："我自己决定不了，要回家与家人商量后再决定！"

销售人员："您真是一个好丈夫，您有这种想法我能理解！毕竟买车对一个家庭来说也是一件大事，与家人商量一下，多做一些考虑，这样买了才不会后悔。不过这款车确实很抢手，我费了很大的劲才为您争取到一个名额，这个名额可以保留三天，要不您先预交500元定金，然后把订单带回去跟家人商量。三天之内如果您家人同意就请您来补办手续提车；如

模块八 促成成交

果家人反对的话,您也可以把定金拿回去,这样不就两全其美了吗?"

【应对范例二】

客户:"我自己决定不了,要回家与太太商量后再决定!"

销售人员:"先生,其实我可以感觉出来您很喜欢这款车,并且这款车也适合您。可您说要回家与太太商量,是不是还有什么原因让您不想马上做出决定呢?"(引导对方说出顾虑并加以处理)

客户:"是的,我听说汽车近期可能会降价,我可不想刚买车就损失一笔钱。"

销售人员:"先生,是不是我们保证近期不会降价,您就马上签合同?"

客户:"可以啊,但你们如何保证?"

销售人员:"为了保障客户的利益,我们公司专门制订了'差价补偿'保障计划,如果三个月之内降价我们可以为您补偿差价,您就放心买吧!"

2. 客户认为年底优惠多,想等到年底再购买

【典型场景】

客户:"买车也不是一时半刻的事情,这几年没有车不也过得好好的,还是等到年底优惠多的时候再买吧。"

【常见的错误应对】

"别等了,到了年底价格也是一样的。""现在什么都涨价,年底可能更贵呢!"和"是吗?您要那样,我也没办法!"这样的回答表面看来好像很无奈,其实很强势,会让顾客觉得很没面子。

"您是不是觉得价钱不合适呢?如果您有什么要求,可以尽管提出来,我一定想办法给您最优惠的价格。"这么说表明刚才给的价格确实不实在。

【情境分析】

客户认为目前不是最佳的购买时间,提出"年底优惠多,我还是想等到年底再买",产生这个异议的真正原因不是现在不适合买车,而是客户认为年底厂家提供的优惠会更多,自己可以得到的利益会更大,所以在年底买车才最合算。客户虽然提出这样的异议,但并不意味着客户拒绝购买,它表明客户已经接受购买这款车的建议,只是因为想获得更多的优惠而拖延到年底罢了。针对这种情况,销售人员可以采用存货不多、物价上涨可能导致价格上升以及早买早享受等理由,促使客户尽快做出购买决定。

【应对范例一】

客户:"年底优惠多,我还是想等到年底再买!"

销售人员:"先生,您看中的这款车是我们目前主推的黄金车型,正在以超低价促销,比任何时候的优惠力度都大!优惠数量限定为10辆,目前只剩下2辆了,售完即止!我看您就别再犹豫了,那边还有几个客户在谈呢,马上签合同才能保证有一辆是您的!"(利用特定稀有的机会来刺激客户)

107

【应对范例二】

客户："年底优惠多，我还是想等到年底再买！"

销售人员："我明白您的意思，按照往年的惯例，年底汽车销售优惠的力度确实会大一些。但今年的情况有所不同，大家都看到了钢材、石油等造车原材料价格不断上涨，人力成本和物流成本也在大幅增加，据公司上层透露，今年下半年开始汽车的价格会调高10%左右。您若拖延到年底再买，肯定就不是现在这个价格了。您就别再犹豫了，今天就定下来吧！"（利用"小道"消息向客户施加压力）

3. 客户想再看看，并希望现在购买有额外优惠

【典型场景】

客户："如果现在就买，还有什么额外的优惠吗？"

【常见的错误应对】

"不好意思，没有了！"和"对不起，不可能再优惠了！"这两种回答明确地拒绝了客户的请求，没有给自己留退路，一旦客户不认可，订单就不可能成交了。"还要优惠？那我们就要亏本了！"这样回答的意思是暗示客户太过分，会让客户感觉很不舒服。"真抱歉，这已经超出我的权限了！"这样的回答是暗示客户，这样的要求超出了我的权限，但你可以去找我的上级商量。这样会提高客户对优惠的期望值，增加成交难度。

【情境分析】

在成交阶段，有些客户心里虽然已经做出了购买决定，但在付款之前还是会习惯性地要求优惠，为自己争取最后的利益。这个时候销售人员一定要有耐心，坚持不要做出价格让步，可以通过请示上级领导等方式为客户提供一些成本不高的赠品，以表示对客户的尊重与重视，也作为鼓励客户立即成交的心理补偿。

【应对范例一】

客户："如果现在就买，还有什么额外的优惠吗？"

销售人员："这真让我为难了，因为您也知道，我们品牌的车子质量口碑是最好的，现在给您的价格已经很公道、很实在了，所以价格上是很难为您做出让步的，请您一定要谅解！"

客户："价格可以不变，但您至少可以送一些东西给我吧！"

销售人员："嗯，我尽我的努力吧，如果您今天能决定买的话，我向公司为您申请一份价值500元的精美礼品，包括脚垫、车载冰箱等，您看可以吗？"

【应对范例二】

客户："如果现在就买，还有什么额外的优惠吗？"

销售人员："您也知道，对于一款这么出色的车来说，目前这个价格已经是市场上最低的了，原则上是不允许再优惠的。不过既然您提出了要求，我还是会尽我的全力和公司协

模块八 促成成交

调,看看能否为您申请一些赠品,您看是不是马上就签约呢?"

4. 客户对售后服务表示担忧

【典型场景】

客户:"你们的售后服务怎么样?"

【常见的错误应对】

"我们的售后服务包您满意!"这样的回答给人信口开河、不负责任的感觉,很难取得客户的信任。"我们的车子很少有质量问题,您不用担心售后服务!"这个回答的意思很模糊,对售后服务问题没有实质性的解释,难以消除客户对售后服务的担忧。"您放心啦,我们是老牌子了!"这样的回答显得很空洞,缺乏说服力。

【情境分析】

售后服务是所有车主关注的问题,客户询问售后服务方面的事情是客户准备成交的信号。在这种情况下,销售人员首先要表达对客户的关心与尊重,然后提供售后服务方面的具体保障或详细的解决方案,有效地将信心传达给客户,让客户放心购买。

【应对范例一】

客户:"你们的售后服务怎么样?"

销售人员:"您放心,我们的售后服务绝对是有保障的,因为售后服务是我们品牌领先于竞争对手的有力武器之一。目前国内汽车销售服务期限一般是 2 年或 6 万 km,而您看中的这款车提供的却是 4 年或 12 万 km 的保修政策,是国内大多数车辆保修期的两倍,这意味着您将节省 2~3 倍的保养成本,而且车辆保值率更高。另外,我们品牌拥有配套完善的售后服务管理体系和过硬的服务质量,保证您买得放心,用得安心!"

【应对范例二】

客户:"你们的售后服务怎么样?"

销售人员:"我很理解您对售后服务的关心,毕竟买车也是一个比较大的决策,那么您最关心售后服务的哪些方面呢?"

客户:"是这样,我有个朋友去年买了一辆车,开了一段时间后就开始漏油,后来开到 4S 店去修,修好了过了一个月又漏油,再去修,对方说要收 3000 元修理费,最后没办法,我朋友只好自认倒霉了。不知道你们在这方面是怎么做的?"

销售人员:"很感谢您的信任,请问您还有其他方面的问题吗?"

客户:"没有了,主要就是这个。"

销售人员:"好的,关于汽车的油路问题,我们采用的是意大利 AA 级标准的加强型油路设计,这种设计具有极好的密封性,即使在正负温差 50℃ 或者润滑系统失灵 20h 的情况下,也不会出现油路损坏的情况,所以漏油的概率极低。当然万事无绝对,如果万一出现了漏油的情况,您也不用担心,因为我们的售后服务承诺,从您购买车辆起 1 年之内免费保修,同时提供 24h 之内的主动上门服务。您觉得怎么样?"

客户:"这样我就放心了。"

销售人员:"那我们就签合同办手续吧!"

模块要点

1. 购买信号是指客户在接受销售的过程中有意无意流露出来的各种成交意向。

2. 购买信号的表现形式十分复杂,常见的分为语言信号、行为信号、表情信号及事态信号等。

3. 成交策略有:识别客户的购买信号;保持积极的心态,不要坐等客户提出成交要求;掌握成交时机,随时促成交易;主动建议成交,引导客户做出决定。

4. 汽车销售中常用的促成成交方法包括请求成交法、假定成交法、选择成交法、利益成交法、暗示成交法、诱导成交法、赞美成交法及优惠成交法。

5. 当客户决定购买之后,销售人员应及时与客户签订购车合同或订单,并详细说明合同的条款,务求让客户能详尽了解此次购车的具体细节内容,包括各项费用及相关的责任条款等。

复习思考题

一、填空题

1. 客户的购买信号有_____、_____、_____、_____等。
2. 汽车销售中常见的促成成交方法包括_____、_____、_____、_____、_____、_____、_____、_____。

二、简答题

1. 成交的策略有哪些?
2. 签约时的注意事项有哪些?

三、根据案例,分析销售人员失败的原因是什么?

某汽车销售店,销售人员小李接待了一位购车意向很不错的客户,从接待、洽谈、产品介绍到替客户排忧解难,所有过程中客户都比较愉快,也比较满意,随后两人继续聊天,由着客户把话题转到了与销售不相干的问题上。当客户一支烟即将抽完的时候,接到了他的朋友打来的电话,要他马上回去"救火",就是俗话说的打麻将三缺一。这个客户对销售人员小李说:"明天再说吧。"就急匆匆地走了。结果是这个客户没有到小李所在的销售店购车,而是在他那个打麻将的朋友的怂恿下,去了另一家同品牌的销售店购买了相同的车辆。

四、判断下列案例中销售人员使用的是什么成交法?

场景:销售人员和两位客户围坐在小会议桌旁,客户认可销售人员对车辆的推荐,气氛比较轻松。

销售人员:总之,这辆车的油耗比同档次同排量的车要低,外观也符合您的个性,越野性强、底盘高,您所期望的都可以满足,而且可以说是超出您的预想。

客户:是,我对要买的车的要求,你这款车都可以达到,我挺满意的。

销售人员:是呀,价格又适中。对,说到价格,您准备采用什么样的付款方式?

模块九

交车及交车后的客户服务

 学习目标：

- 了解交车前的准备
- 熟悉交车流程
- 掌握交车后客户服务内容
- 了解处理客户抱怨的方法

 技能要求：

- 能熟练进行交车前的准备
- 能熟练进行交车完整的服务流程
- 能熟练进行交车后的跟踪服务

单元一　交车前的准备

交车是销售流程中最后一个步骤，也是客户最为关注的环节，如果在交车这项工作上做得好的话就会让客户由满意而感动，这将提高客户满意度，客户会不断地向他人传递这种满意和感动，对销售人员未来的销售会带来意想不到的收获。

一、交车前准备工作内容

要做好交车工作，首先应做好交车前的准备工作。准备工作主要包括：

1. 提前通知

确认已经通知客户准确的时间和地点，提醒顾客遵守约定的时间。交车过程中如需要顾客提供订单、收据、身份证、驾驶证，应提前通知客户准备。

2. 核实与检查车辆

确保新车车型、配置及颜色符合客户要求。要求维修部针对车辆进行新车性能检查，确保车辆性能优异。

交车的当天必须对新车进行清洁，做到一尘不染，在车内地板上铺上保护纸垫，车内的工具、备胎摆放整齐。

3. 准备文件

销售人员备好发票、车辆合格证、保险单、购置税、车船税、车检证明、保养保修手册、维护保养注意事项、安全驾驶注意事项、车辆技术参数表、进口货物证明书、商检单、其他文件等。

二、交车前的车辆准备

1. 新车 PDI 检查

所谓 PDI 检查，就是俗称的"新车检测"。PDI 检查是一项售前检测证明，是新车在交车前必须通过的检查，通常由表格形式体现，由售后服务部门的 PDI 专员完成，车主也可以同时在场检查，确认检查项目都正常后签字。由于新车从生产厂家到达经销商处经历了很长距离的运输路途和长时间的停放，为了保证新车的安全性和原厂性能，PDI 检查必不可少。PDI 检查项目范围很广，涉及外观、遥控器、室内各种开关和配置、发动机内油量、发动机舱内线束及螺栓的装配情况、有无漏油及漏水情况、各种传感器及卡子的装配情况、蓄电池规格、喷漆部位的喷漆情况，要确认各个重要部件是否都运转正常等。PDI 检查的目的就是为顾客确保车辆的安全性和驾驶的舒适性。

2. 按时交付车辆

按约定的日期和时间交给客户所签约购买的洁净、无缺陷的车是交车环节的目标，但汽车销售过程存在许多变数，如果不能按时交车，销售人员应提前告知客户。

【案例 9-1】

因特殊情况导致无法正常交车时，需提前与客户沟通。以下是电话沟通的实例。

汽车销售人员：彭先生，您好。我是××汽车的销售顾问张珊，您两个星期前在我们这里订购了一款 A 车。

客户：是啊，可以提出了吧？

汽车销售人员：彭先生，非常抱歉，是这样的，最近连续半个月的大范围降雨影响了新车运输，本来可以提前运到的车现在可能要延误三到五天的时间了。我怕您着急，特地给您电话说一下。

客户：你确定三五天能到吗？不要到时候又要告诉我需要十天半个月的。

汽车销售人员：这一点请您放心，我们可以保证，最迟不会超过五天。

客户：那好吧，车到了给我电话吧。

三、交车前的文件准备

交车前要对涉及车辆的相关文件进行仔细全面的检查，确认无误后再装入文件袋中备用，涉及的文件主要包括以下几种。

1. 商业发票

商业发票是购车时最重要的证明，同时也是汽车上户时的凭证之一，故在交车前务必仔细清点，确保其有效性和准确性。

2. 使用说明等相关手册

（1）车辆合格证　车辆合格证是机动车整车出厂合格证明，是机动车生产企业印制并随车配发的载明企业名称及防伪信息的证明文件。对于购车消费者来说，车辆合格证是办理机

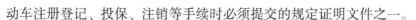

动车注册登记、投保、注销等手续时必须提交的规定证明文件之一。

(2) 车辆使用说明书　用户必须按照车辆使用说明书的要求合理使用车辆。若不按使用说明书的要求使用而造成车辆损害，厂家不负责三包。使用说明书同时注明了车辆的主要技术参数和维护调校所必需的技术数据，是修车时的参照文本。有些车辆发动机有单独的使用说明书，有些车辆的某些设备有单独的使用说明书，有些车辆的某些选装设备有专门的要求或规定，这时消费者都要向经销商索要相关文件。

(3) 三包服务卡　根据有关规定，汽车在一定时间和行驶里程内，若因质量问题导致的故障或损坏，凭三包服务卡可以享受厂家的无偿服务。但是灯泡、橡胶等易损件不包括在内。

(4) 其他文件或附件　大部分4S店都可以实施"一站式服务"，客户委托销售顾问办理相关手续，还应有车辆的缴税、落税、办理牌照、保险和信贷等相关文件。

3. 新车交车确认表（表9-1）

表9-1　新车交车确认表

车主姓名		证件号码		交车日期	
车型代码		底盘号码		发动机号码	
合格证编号				联系地址	
固定电话		手机		销售顾问	
车况检查					
外观良好		车内外清洁		装备齐全	
随车附送的资料和物品核对					
保养手册		服务网络通信录		首次免费保养凭证		售前检查证明	
安全使用说明		主、副钥匙		密码卡		千斤顶	
备胎		故障指示灯		天线		点烟器	
螺钉旋具		烟灰缸					
证件及单据点交：		登记证、绿标/年检标、保险单、购置税证及发票					
发票		纳税申请表		合格证		身份证/居住证	
保养单		三包凭证		行驶证			
车辆使用讲解							
座椅调整		转向盘调整		后视镜调整		电动窗操作	
空调、除雾		音响系统		灯光/仪表		刮水器/喷水	
发动机盖操作		油箱盖操作		GPS导航操作			
××品牌热线电话				24h服务热线			
顾客服务中心电话							
车主签字		日期		销售顾问签字		日期	

单元二　交车过程

在交车的过程中，销售人员全程陪同客户，要详细说明车辆使用的注意事项以及售后服务的要求，并办理车辆的交接手续等。

一、交车的流程

交车的流程包括:

1) 接待顾客。要求预先到门口接待,引导就座后概述交车流程、内容和时间。
2) 说明各项费用。根据新车订单上所填写的内容,再次说明各项购车费用。
3) 车辆验收。销售人员陪同客户对车辆进行检查,确认车辆外观和性能完好。
4) 车辆操作说明。对新车的操作及安全注意事项进行说明。
5) 新车文件资料和随车物品的交接。
6) 参观并引见维修售后服务部门。
7) 送别客户。

交车时最重要的内容就是必须将车辆的使用方法明明白白地告知顾客,让他能正确地使用车辆,同时了解车辆在使用过程中的注意事项,减少问题的发生,即使出现问题也能够知道如何处理,解决顾客用车的后顾之忧。因此说,交车过程中的说明是十分必要的环节,务求认真细致,切不可为赶时间而一带而过。

【案例9-2】

林先生一个星期前在4S店购买了一部丰田卡罗拉1.6LAT豪华版轿车,约好今天早上10点来4S店交车,请你作为一个销售顾问为他提供交车服务。

分析:

1. 准备好交车前的基本工作
2. 打电话

"您好,请问是林先生吗?我是一汽丰田4S店的销售顾问小尹。"

"是的。"

"上次我们约好今天早上10点来我们4S店提车,我的准备工作都已经做好了。就等您的大驾光临了。"

"好的,我一会就到。"

3. 店内接待

门口迎接:"您好,林先生,今天真是恭喜您了,终于可以拿到您的爱车了,请到我们展厅休息一下,我把有关的文件交给您。"

4. 文件交接

"林先生,您好,这是您的车辆保险卡、合格证、保修手册、使用说明书、完税证明、车价发票,还有其他一些费用的发票(保险单据、上牌费、车船使用税、车辆购置税),请您妥善保管,以后在车辆的使用过程中,这些证件非常重要。还请林先生核对一下,如果没有什么问题的话请在交接单上签字;如果对这些费用有什么疑问的话,随时可以问我。"

各项费用要向客户详细解释说明,且要和之前的商谈符合,如果有不符合的地方,要向客户说明原因并出示交车确认表,依各项目点请客户逐项打勾。

"好的,没有问题。"

"好的,没什么问题的话,我们去看看您的爱车吧!"

5. 车辆操作

"林先生,我给您演示一下车辆各项功能的操作吧。如果您在今后使用的过程中不会操作的话,可以随时打电话给我,也可以查看我们随车的操作手册。"

主要内容包括:
1) 座椅、转向盘调整(含转向盘锁住时,如何转动钥匙,起动发动机等)。
2) 后视镜调整、电动窗操作。
3) 儿童安全锁。
4) 空调及除雾。
5) 音响(含设定频道,要参看使用说明书,操作给客户看)。
6) 灯光、仪表、电子钟。
7) 特有配备的机能及智能电子设备介绍。
8) 其他任何客户可能不熟悉的事项。

6. 车辆检验/认可

"林先生,我们一起来检验一下车况吧!"

主要内容包括:
车内部分:座椅、地毯等整洁。
车辆外部:灯、保险杠、门把等整洁,有没有损坏漆面等。
附件齐全:配件(标准、经销店答应赠送的)、千斤顶、工具包、故障警示架、备胎及胎压、点烟器等。

"林先生,您觉得怎么样,还满意吗?如果没有什么问题的话,请签署交车确认表。然后给您介绍一下我们的售后服务,您买车之后,售后维修是非常重要的。"

7. 售后服务

"您的爱车在今后的使用过程中,有任何问题可拨打我们的800免费服务电话或24h求助电话,也可以查看使用说明书及保修手册。"

交车时给客户提供全国服务网点一览表并对相关服务承诺进行说明。

要详细口头说明下列事项:
1) 首保之前,车辆磨合期使用注意事项。
2) 1000km、5000km、10000km维护内容说明。
3) 保修时间、保修里程数(两者其中之一,先到为准,都表示保修期已到)。
4) 保修项目、非保修项目(如易磨损部件和维护材料等)。
5) 确定首保的日期并记入"保有客户管理卡"。
6) 详细介绍服务站及维修人员,方便客户入厂联系。
7) 营业时间、地点说明。
8) 服务进厂、作业流程说明。

"这是我们的服务经理潘经理和服务顾问赵小姐,这是他们的名片,您以后有车辆维修方面的问题可直接与他们联系。"

8. 送别客户

"林先生,我们公司会对您提供后续跟踪服务以便及时了解您的车况,一周后会向您发首保通知,请问我们什么时候和您联系比较方便呢?"

"节假日的时候都可以吧。"

"衷心感谢您的惠顾,预祝您行车愉快,祝您一切顺利!"

陪送客户直至路口,并进行适时的交通指导。

汽车销售人员将客户对后续跟踪服务的选择及其他信息登记记入"保有客户管理卡",将该客户档案转交公司客户服务部。

二、磨合期注意事项及保修说明

磨合期的使用对一辆车的性能起到至关重要的作用,因此,销售人员在交车的过程中,要向顾客说明磨合期应注意的关键点,例如,磨合期要控制车速,发动机的转速尽量控制在3000r/min以内,避免急加速和紧急制动,避免在不平坦的道路上行驶等,同时要告诉顾客磨合期维护的时间和相关的费用(不同的车型会有较大的差别)等。

在交车的过程中销售人员要让售后服务专员向客户讲述车辆保修的条件和保修的范围,根据《保养手册》的内容解释车辆检查和维护的日程及其重要性,重点是保修期限和保修项目等重要事项。很多顾客认为在保修期内,车辆有任何的问题都是属于保修的范围,这是不对的,如果在交车的时候不说清楚,在今后的使用过程中容易产生矛盾,引起不必要的争端。例如,车辆的玻璃、刮水片、灯泡、轮胎在使用过程中正常损耗是不属于保修范围的。特别要向顾客说明强制维护的规定以及重要性,有些顾客因为没有按厂家的规定进行强制维护,导致不能享受厂家的免费保修,给自己带来很大的损失。另外,售后服务专员还要向顾客介绍售后的服务网络,以及本经销店的营业时间、预约体制、24h救援服务体制等。

【案例9-3】

交车过程中进行连带销售

汽车销售人员:张先生,您平时经常需要出差,经常会上高速公路行驶,老是要控制加速踏板,控制车速,时间长了,会不会觉得特别累呢?

客户:这个是肯定的。我有一次去××市出差,来回花了六个小时,累得够呛。

汽车销售人员:考虑到您的驾驶需要,我建议您为爱车配一个定速巡航。长时间行车是很容易疲惫的,有了定速巡航,您在高速公路上行车时,可以自动保持车速,不用再频繁地控制加速踏板,开车会轻松很多,而且也可以减少不必要的车速变化,节省了燃料。

客户:我是想加一个定速巡航,在你们店里可以买到吗?

汽车销售人员:可以的,而且是有保修服务的。我带您看看……

分析:在交车时,销售人员可以抓住时机,根据实际情况进行连带销售。但要注意在进行连带销售时,要综合考虑客户的经济承受能力以及连带销售产品对客户的实用性和价值,不能盲目地兜售附加产品,引起客户反感。

模块九　交车及交车后的客户服务

单元三　交车后的客户服务

成交签约乃至交车结束，是否已经意味着交易的成功、销售的结束？从现代销售的角度，回答是否定的。成功的销售人员把成交之后继续与客户的维系视为销售的关键。销售业内信奉的准则是"真正的销售始于售后"。美国商业研究报告指出：业绩优异的汽车经销店，40%以上的新顾客是通过老顾客推荐赢得的。所以重视交车后的客户服务，才能使销售企业在竞争中取胜。

一、交车后的客户服务内容

交车后的客户服务内容包括整理客户资料，建立客户档案；多种方式对客户跟踪服务；根据客户档案资料及回访的内容，研究客户的需求，采取个性化服务；保持联系并掌握新的商机。

1. 整理客户资料，建立顾客档案

将顾客的基本情况和车辆的相关信息都填入顾客管理卡，内容包括顾客的家庭成员、生日、联系电话、E-mail、车型、颜色、价格、保险项目、精品加装项目、车架号码、发动机号码等。

2. 多种方式对客户跟踪服务

包括登门拜访、电话沟通、活动召集（比如组织车友会、自驾游、车辆养护课堂等）、网络沟通等。

跟踪服务的内容包括询问客户用车情况，对本公司服务的意见；询问客户近期有无服务需求；告之相关的汽车使用知识和注意事项；介绍近期公司提供的服务，尤其是新的服务内容；介绍近期公司组织的活动，及其内容、日期、地址等；回答客户咨询的其他问题等。

跟踪服务的常规时间安排包括交车后首日回访、三日回访、一周回访、一月回访、三月回访、半年/一年回访等，并调查客户满意度。

3. 根据客户档案资料及回访的内容，研究客户的需求，采取个性化服务

如通知客户按期维护、通知客户参与公司的联谊活动、告之公司优惠活动、通知客户按时进厂维修或免费检测等。

4. 保持联系并掌握新的商机

二、常规时间回访的规范

1. 首日回访

回访责任人：销售顾问。

回访时间：销售顾问在交车当天或第二天对用户进行回访。如上午交车，则下午回访；如下午或晚间交车，则第二天早晨回访。

回访内容：以问候为主，同时告知用户将会在购车当天或第二天收到顾客服务质量部门的电话回访，确认用户购车事宜。以下为示例内容：

上午好/下午好/您好！＿＿＿＿＿＿（先生/女士）！不好意思，打扰您了。我是（昨天/今天）刚交您车的×××的销售顾问×××，不知道＿＿＿＿＿＿（先生/女士）现在方便接听电话吗？或者您身边有固定电话吗？

① 方便、手机——继续访问。

② 方便、固定电话——重新拨打，继续访问。

③ 不方便——预约再访时间并致谢，终止访问。

要确认用户是否有时间接听电话，以确保顾客满意。

请问您在驾驶爱车回去的途中车子使用顺利吗？驾驶时对车辆各方面的操控还习惯吗？请问您在车辆的使用上还有没有不清楚或有疑问想进一步了解的地方？还需要我为您服务吗？如果现在没有的话，请放心，我将随时为您提供令您满意的服务。请记住我们的电话_____。

对了！×××汽车总部的顾客关爱员将会给您做个电话回访，确认您购车及用车的事宜，若有打扰到您，请您见谅。再一次祝您驾乘愉快，平安顺心！

2. 三日回访

回访责任人：销售回访员。

回访时间：交车之后第三天。

回访内容：调查用户满意度，从中发现一些潜在的服务缺失或顾客抱怨，登记缺失/抱怨内容并转达至销售部。监督抱怨处理解决的情况，同时确认抱怨的处理是否让用户满意。以下为示例内容：

早上好/下午好。我是×××的销售满意度回访员××（全名或昵称），打扰您了，请问您是_____（先生/女士）吗？

① 是——开始访问。

不是——请问（车牌号）_____这款（车型）_____是您在使用吗？

② 是——记录使用人的信息，开始访问。

不是——预约、致谢、终止访问或预约时间。

其他——致谢并终止访问。

请问_____（先生/女士），您于（购买日期）_____在我公司购买了一台型号为_____的×××轿车，为了确保每位来店顾客对我们的服务都能"非常满意"，在您购买车辆后的两周内，我们想耽误您5min时间，做一个电话回访，如您在购车过程中有不满意之处请告诉我，我会及时帮您协调解决，请问您现在方便接听电话吗？或者您身边有固定电话吗？

① 方便、手机——继续访问。

② 方便、固定电话——重新拨打，继续访问。

③ 不方便——预约再访时间并致谢，终止访问。

④ 其他——致谢，终止访问。

（要确认用户是否有时间接听电话，以确保顾客满意。）

以下为满意度调查问卷示例内容：

_____（先生/女士），接下来的问题，有5种评分供您选择，请您帮我们打分，有不足之处，请多提宝贵意见。

（5分是非常满意，4分是满意，3分是一般，2分是不满意，1分是非常不满意。）

B1：我们展厅环境的舒适性是否让您"非常满意"？

① 是——继续访问。

② 不是（满意／一般／不满意／非常不满意）。

记录顾客意见：

B2：销售人员的外表、着装以及礼仪是否让您"非常满意"？

① 是——继续访问。

② 不是（满意／一般／不满意／非常不满意）。

记录顾客意见：

B3：销售人员对××品牌的认知度与信心是否让您"非常满意"？

① 是——继续访问。

② 不是（满意／一般／不满意／非常不满意）。

记录顾客意见：

B4：销售人员专业知识是否到位，是否能耐心地为您购车提供具体的建议和信息？通过销售人员的讲解，您是否完全了解了新车的功能和参数？关于以上几点是否让您"非常满意"？

① 是——继续访问。

② 不是（满意／一般／不满意／非常不满意）。

记录顾客意见：

B5：销售人员的服务态度是否让您"非常满意"？

① 是——继续访问。

② 不是（满意／一般／不满意／非常不满意）。

记录顾客意见：

B6：新车质量是否让您"非常满意"？

① 是——继续访问。

② 不是（满意／一般／不满意／非常不满意）。

记录顾客意见：

B7：付款方式及流程便捷吗？销售顾问有亲自带您去付款吗？

① 是——继续访问。

② 不是（满意／一般／不满意／非常不满意）。

记录顾客意见：

B8：交车程序的便捷性是否让您"非常满意"？

① 是——继续访问。

② 不是（满意／一般／不满意／非常不满意）。

记录顾客意见：
_____

B9：交给您的车是否清洗干净？
① 是——继续访问。
② 不是（满意/一般/不满意/非常不满意）。
记录顾客意见：
_____

B10：请问在交车的同时，我们的销售顾问有没有及时向您介绍您的私人售后服务顾问，对此您"非常满意"吗？
① 是——继续访问。
② 不是（满意/一般/不满意/非常不满意）。
记录顾客意见：
_____

B11：在购车过程中，您的抱怨是否得到及时、妥善的解决，对该项您是否"非常满意"？
① 是——继续访问。
② 不是（满意/一般/不满意/非常不满意）。
记录顾客意见：
_____

B12：请问在您购车后，我们的销售顾问有没有对您进行关怀回访？
① 是——继续访问。
② 不是（满意/一般/不满意/非常不满意）。
记录顾客意见：
_____

B13：请问总体而言，您对整个购车过程是不是"非常满意"？（请客户排除产品本身质量问题来选择回答。）
① 是——继续访问。
② 不是（满意/一般/不满意/非常不满意）。
记录顾客意见：
_____

B14：若您需要再次购车或置换新车，您还会选择在我们公司购买吗？
（会；不会）
B15：您会推荐您的亲戚朋友来本店购车或维修吗？（会；不会）

因为您是我们×××汽车的尊贵顾客，所以×××汽车可能还会安排第三方致电您进行顾客满意度的问卷调查，时间大概是3~5min，这些回访是为了提高日后我们对您的服务质量，所以请您见谅。再次谢谢您！祝您工作愉快！万事顺心！再见！

3. 一周回访

回访责任人：销售顾问。

回访时间：交车后一周内。

回访内容：对用户本周车辆使用情况进行了解，向用户再次提醒车辆的一些特殊功能，对于交车后的一些后续事宜进行提醒以表达对用户的关爱，让用户对销售顾问放心进而对经销店乃至×××品牌增加信心。以下为示例内容：

　　_____（先生/女士）！上午好/下午好/您好！

　　不好意思，打扰您了。我是（昨天/今天）刚交给您车的×××的销售顾问××，不知道_____（先生/女士）现在方便接听电话吗？或者您身边有固定电话吗？

　　① 方便、手机——继续访问。

　　② 方便、固定电话——重新拨打，继续访问。

　　③ 不方便——预约再访时间并致谢，终止访问。

　　(要确认用户是否有时间接听电话，以确保顾客满意。)

　　_____（先生/女士）！您的爱车已经使用了七天，在这周里您对爱车的车况还满意吗？对于车辆的各项使用功能（尤其是特殊功能）在操作上还存在疑问吗？若都没有问题，请允许我向您做如下提醒：

　　① 您交车时是否购买车险？如果没有，请及时购买车险，我可以给您推荐经销店来办理保险。

　　② 提醒一下您，在行车3个月或行驶7500km左右后来做第一次免费维护，到时候您可以提前跟我们的服务顾问预约，这样可以节省您的宝贵时间，工时费还可以打折。

　　真不好意思，打扰了您这么长的时间，今后若您对车辆有任何疑问或者对我店有任何宝贵的建议，都请您及时跟我们联系好吗？

4. 一月回访

回访责任人：销售顾问。

回访时间：交车后一个月内。

回访内容：车况询问及前几次回访的感谢。对重要顾客要预约上门拜访的时间，如果对方允许则实施上门拜访，建议销售顾问或顾客关爱员或服务顾问携带礼物前去拜访，礼物的品种及价格视用户的重要性及忠诚度进行选择。如果上门拜访被谢绝，则仅在电话中问候和表示感谢，告知可来店自取礼品。在以上两种情况下，与顾客交流时应告知顾客回访的内容，即今后该顾客的回访由经销商的顾客关爱专员进行。

　　_____（先生/女士）！上午好/下午好/您好！

　　不好意思，打扰您了。我是×××的销售顾问××，不知道_____（先生/女士）现在方便接听电话吗？或者您身边有固定电话吗？

　　① 方便、手机——继续访问。

　　② 方便、固定电话——重新拨打，继续访问。

　　③ 不方便——预约再访时间并致谢，终止访问。

　　(要确认用户是否有时间接听电话，以确保顾客满意。)

　　_____（先生/女士）！托您的福/承您的贵言/感谢您的合作/太谢谢您了，您使我在×××汽车××经销店的顾客满意度排名进了前三名！我很想亲自去感谢您！不知道您有时间吗？如果可以我想和您预约个时间，亲自上门拜访以表示对您的感谢！

5. 三月回访

回访责任人：顾客关爱专员。

回访时间：交车后 3 个月内。

回访内容：以首保为由提醒为主。

_____（先生/女士）！上午好/下午好/您好！

不好意思，打扰您了，我是×××汽车×××经销店的顾客关爱专员××（全名或昵称），不知道_____（先生/女士）现在方便接听电话吗？或者您身边有固定电话吗？

① 方便、手机——继续访问。

② 方便、固定电话——重新拨打，继续访问。

③ 不方便——预约再访时间并致谢，终止访问。

（要确认用户是否有时间接听电话，以确保顾客满意。）

_____（先生/女士）！是这样的，多年来，经过×××对其用户的调研，80%的尊贵顾客在新车使用到达 3 个月左右时是首保的时间，不知道_____（先生/女士）您的首保已经完成了吗？如果没有的话，我现在可以帮您做一个车辆首保的预约，这样不但可以节省您宝贵的时间，也可以让我们对您给予最尊贵的五星服务！

6. 交车后半年/一年回访

回访责任人：顾客关爱专员。

回访时间：交车后半年/一年。

回访内容：续保提醒/生日提醒/促销通知/活动通知。

_____（先生/女士）！上午好/下午好/您好！

不好意思，打扰您了，我是×××汽车××经销店的顾客关爱专员××（全名或昵称），不知道_____（先生/女士）现在方便接听电话吗？或者您身边有固定电话吗？

① 方便、手机——继续访问。

② 方便、固定电话——重新拨打，继续访问。

③ 不方便——预约再访时间并致谢，终止访问。

（要确认用户是否有时间接听电话，以确保顾客满意。）

_____（先生/女士）！是这样的，保险/生日/促销/活动到了，所以想提醒您根据车况来续保/×××汽车祝您生日快乐/邀请您参加××活动！（根据顾客反应，自由发挥。）

注意：续保、促销活动邀请必须事先通知并与顾客预约时间，在到期前一天再次确认顾客的到店时间。

7. 首保联系

_____（先生/女士）您来做首保时，可以提前一天和我们预约，这样您会享受到更便捷、更细致的服务，可以节省您的宝贵时间，您的服务顾问电话是_____，当然您有任何问题可以致电顾客服务中心，电话是_____。

_____（先生/女士），耽误您的时间了，日后××（汽车品牌）会委托第三方调研公司对您做电话回访，让您对我公司的服务情况进行打分，如果我们的服务您都认可，请您对所有问题都回复"非常满意"，请您多多支持我们的工作，谢谢您了！×××祝您驾乘愉快！万事顺心！

模块九 交车及交车后的客户服务

【案例9-4】

新车交付后七天内的回访

汽车销售人员：谭先生，您好，不知道您这几天和新车磨合得好吗？

客户：还好。开着感觉不错，我朋友们都说很时尚。就是有个小问题，这款车的油耗好像比你给我的宣传页上标的要高呀。

汽车销售人员：谭先生，您的车现在是磨合期，车上各部件都需要磨合，油耗相对会稍高一些，您可以使用一段时间后再观察。

客户：行，那我再看一看。其他还没发现什么问题。

汽车销售人员：谭先生，您需要我们协助办理新车牌照吗？

客户：哦，对了，我一个朋友说自己办车牌挺麻烦的，需要去几次车管所才办得下来，我想请你们帮我办一下。

汽车销售人员：好的，没问题，上牌照需要您提供一些文件资料，您看是您过来我们店方便呢，还是我去拜访您比较方便？

客户：麻烦你过来一趟吧，明天上午随时都可以。

汽车销售人员：好的，那谭先生，您在用车的过程中有任何问题，欢迎您和我联系。我会随时给您提供帮助的。明天见。

分析：新车交付后的前几个月时间是问题频发的时候，客户与新车在磨合，客户与陌生的售后服务人员也在磨合，而汽车销售人员则是其中的桥梁，因此这一阶段的回访与跟踪工作，销售人员一定要重视。新车上牌照，做首保，客户使用的满意程度，这些都是销售人员需要了解和跟进的。

交易成功就万事大吉了，汽车销售人员如果这样单纯地把签约看作销售工作的结束，那是难以赢得老客户的信任和好感的，自然也就难以取得长期的稳定的销售成绩。工作虽然交接了，但是与老客户的联系应该继续保持，只要服务好了一个老客户，就相当于获得了好几个潜在的新客户，从而把握了商机。请看下面的案例。

【案例9-5】

积极寻求老客户做转介绍

汽车销售人员：孙大哥，最近好吗？

客户：呵呵，小罗啊，你好几天没打电话了啊。我跟你说，上次你给我推荐的那款导航仪还真不错，实惠还实用，看来有事情还就得找专业人士帮忙。

汽车销售人员：孙大哥，能帮到您我高兴还来不及呢。您以后要是想改装什么，都可以找我。对了，我们店最近有一次大活动，有好几款车型8.8折优惠，这样算下来一辆车最多能省两三万呢。您有没有亲朋好友最近有买车计划的，您可以推荐到我们店里来，只要是您的朋友，我一定给最优惠的价格。

客户：8.8折呀？那还是挺优惠的。我确实有两个同学最近想买车，什么时候带到你们店去看看。

汽车销售人员：孙大哥，您看周六怎么样？周六您休息，正好可以来试试我们几款新车，我觉得您对车的感觉那真称得上是一流，每次试车都能说出很不一样的意见来。

客户：呵呵，好啊，那我周六带他们过去。

分析："物以类聚，人以群分"，每一位购车的客户身边往往少不了几位年龄相仿、同样有购车打算或者需求的潜在客户。如果汽车销售人员能够精心维持与老客户的长期联系，建立友好的关系，那么就很容易通过老客户的介绍接触到他们身边的潜在客户群体。如果老客户愿意将自己对销售人员的好感与赞赏分享给潜在客户，那么汽车销售人员的销售机会和成交概率将会大大增加。一分耕耘，一分收获，优质的售前售后服务是获取老客户完全信赖的唯一条件，只有在这种充分信任的基础上，老客户才有可能将身边的亲友熟人推荐给销售人员，并且积极主动地成为销售人员的"宣传大使"，推动潜在客户的购买行为。

三、处理顾客抱怨的方法

有抱怨、肯投诉的客户从某种角度来说是最后的客户，如果能正确处理，就会将其转变成忠诚的客户。优秀的汽车销售人员和企业总是高度重视客户的抱怨和投诉，并能快速地响应、积极面对，化"危机"为"机遇"，通过妥善处理来赢得客户的好感与忠诚。

处理顾客抱怨的方法或流程如下：

1）倾听客户抱怨，换位思考，向客户表示理解，对引起客户的不安表示歉意。
2）表明积极处理的态度。
3）了解客户的真实想法和要求，把握事实真相。
4）提出处理意见并获得领导的支持。
5）告知客户，并征询客户意见。
6）迅速处理问题。
7）询问客户对处理结果的满意度。
8）填写用户投诉处理报告并存档。

【案例9-6】

客户抱怨售后服务态度差

客户打电话向汽车销售人员抱怨，说售后服务部门的态度很差，客户很不满意……

客户：你们的售后服务态度可真差，跟你当初介绍的完全不一样！

汽车销售人员：黄先生，您慢慢说，告诉我是怎么一回事呢？

客户：前一阵我觉得开车的时候，老能听到车身异响，我给售后打电话，他们告诉我这是正常的。可是我请几位熟悉车的朋友帮忙看了一下，他们都说这不太正常，我第二次打电话，结果他们说第一次已经回答过我了，异响是正常现象，我话还没说完他们就挂了我电话，怎么这样的态度嘛！

汽车销售人员：这样确实是我们同事不对了。黄先生，您看这样好不好，您什么时候方便把车开过来,我请店里几位老师傅帮您把车里车外都检查一下,一定帮您找到问题,让您可以放心地开车。至于那位售后的同事,我请他向您道歉,您看可以吗?

客户:道不道歉没关系,我就是觉得售后这样的态度不行。这样吧,我今天下午把车开过去吧。

汽车销售人员:好的,我给您提前安排一下。今天下午我专程等您过来……

分析:很多销售人员会有这样的想法,客户把车提走了,我的工作就结束了,至于用车过程中出现问题,由售后部门负责,尤其是上面这个例子,售后人员服务态度差,我管不了,也没权限管。如果每一位销售都是这样的想法,那么销售人员所服务的企业很快也会丧失活力和生存能力。一位优秀的汽车销售人员一定是有责任心和主人翁意识的,他们知道,售后服务的质量会影响客户的满意度,而客户如果不满意售后,很自然地就会迁怒到企业,最终还是会影响到销售人员自身。因此,当客户对售后服务提出意见时,销售人员要及时向相关部门和同事反馈与沟通,并监督改进的过程,这样不仅利于客户,同样利于自己,利于同事,利于企业。

【案例9-7】

客户因质量问题要求退车

客户:我这款车才买了没几个月,这天窗中看不中用,密封性不好,一到下雨天就是外头下大雨,里面下小雨。拉到你们这儿维修了两回,修好了又坏了,我都不想开了!我把车开来了,就停在你们店,我要求退车,你们尽快处理吧。

汽车销售人员:李先生,新车天窗出现这样的问题确实很麻烦,难怪您会这么生气,您别急,先到我们贵宾区喝杯茶,我马上叫售后最好的维修师傅再为您的车做一个全面彻底的检查吧!(检查结果发现天窗密封性不太好,容易发生渗漏。)

汽车销售人员:李先生,抛开这个让您心烦的天窗不提,您觉得这款车整体上还满意吗?

客户:这款车没有问题呀,我好几个同事都想买一款一样的。可是那个天窗太让人气恼了!新车就出现这样的问题呀,太让人难以置信了,谁还敢买呀。

汽车销售人员:非常抱歉,给您造成这么多的不便。李先生,您看这样好不好,我能感觉到您心里其实还是很喜欢这款车的。我们店免费为您更换新的天窗,这几天您先用我们提供的代步车。毕竟车子开了几个月了,也有一些感情了,如果更换天窗之后您还是不满意,我们再来商量对策,您看可以吗?

客户:我刚买的新车,还没开满半年呢,就开始大修了,这多不像话呀。

汽车销售人员:我理解您的心情,出现这样的问题,我们有很大的责任。在您的车更换天窗后,我们赠送您一年的免费洗车和保养的礼包,作为我们对您的补偿,您看这样可以吗?

客户:那好吧。

分析：频繁的汽车召回让客户对汽车质量问题越来越重视，维权的意识也越来越强烈，尤其是刚使用不久的新车出现问题时，客户的愤怒与不满是可想而知的。遇到这样的问题，汽车销售人员首先要安抚客户的情绪，不推诿，不退缩，积极地面对问题，分析问题，然后找出可行的解决方案，既要尽力满足客户的合理要求，又要最大限度地减少公司的损失。在处理客户投诉问题时，汽车销售人员既要考虑到客户的利益，同时也不能忽视企业的利益。同一个投诉问题，会有多种解决方案，汽车销售人员要尽量在客户满意的底限上，将企业的损失降到最小。例如，客户提出要退换车，如果销售人员同意了，客户满意了，但厂家如果不承担责任、不接受销售商的退换车要求的话，那么销售商的损失会很惨重。因此，销售人员在应对时，要随时与上级沟通，尽量以最小成本、最小损失来解决问题。

模块要点

1. 交车前的准备工作包括提前通知；车辆核实与检查；准备文件。

2. 交车的流程包括：接待顾客；说明各项费用；车辆验收；车辆操作说明；新车文件资料和随车物品的交接；参观并引见维修售后服务部门；送别客户。

3. 交车后的客户服务内容包括整理客户资料；多种方式对客户跟踪服务；根据客户档案资料及回访的内容，研究客户的需求，采取个性化服务；保持联系并掌握新的商机。

4. 处理顾客抱怨的流程包括倾听客户抱怨，换位思考，向客户表示理解，对引起客户的不安表示歉意；表明积极处理的态度；了解客户的真实想法和要求，把握事实真相；提出处理意见并获得领导的支持；告知客户，并征询客户意见；迅速处理问题；询问客户对处理结果的满意度；填写用户投诉处理报告并存档。

复习思考题

一、单项选择题

1. 在汽车销售过程中，最容易造成客户与销售人员心情产生差异的是在（　　）的时候。
   A. 需求分析　　　　B. 价格谈判　　　　C. 车辆清洗

2. 以下哪一项不属于交车流程（　　）。
   A. 车辆清洗　　　　B. 车辆点交　　　　C. 车辆文件清点

二、简答题

1. 为什么说交车环节做得如何直接影响客户满意度？
2. 如何看待客户的抱怨和投诉？
3. 下列部位进行交车说明时需说明哪些项目？
（1）驾驶室　　（2）发动机舱　　（3）行李箱

三、角色扮演

一组学生分别扮演客户与销售顾问，指定车型，演示整个交车流程。

四、案例分析

客户彭先生在交车服务中对所介绍售后服务这一项内容不以为然，认为4S店的售后维修费用太高，配件价格贵，服务态度又差，不如综合汽车修理厂的经济实惠，以后不打算来4S店进行维修保养。作为汽车销售顾问，如何回答来改变客户的观点？

五、实际应用

根据下面一段客户投诉时与客服人员的对话，分析客服人员做得是否妥当，如有不妥之处请给出建议。

客户：怎么搞的，十几万元的车才买了不到一年，发动机就漏油了。你们必须给我一个说法，否则我就要请媒体来曝光。

客服：非常抱歉。关于漏油的问题不是我们的问题，主要是由于配套的厂家提供的密封垫质量不好所致。生产厂的处理方案是更换密封垫。

客户：我不同意。你们还号称是世界知名品牌，别的车都不会发生这样的问题，就你们的车会有这样的情况。今天一定要给我一个说法！

客服：我理解您的要求，但怎么处理并不是我们可以做主的，如果您一定要采取其他的处理方式的话，我们也没有办法。

客户：也就是说你们不会按我的要求进行处理了，这样的话我只能通过媒体或者是法律途径来处理这件事情了。

客服：实在抱歉，如果您真要这样做的话，我们也没有办法，这是您的权利。

参 考 文 献

[1] 丁兴良．沟通技巧：汽车销售人员业绩提升第一步［M］．北京：机械工业出版社，2010．
[2] 吴荣辉．汽车销售与服务流程［M］．上海：同济大学出版社，2010．
[3] 李素华．汽车销售与技术服务［M］．北京：机械工业出版社，2013．
[4] 陈姣．汽车销售人员超级口才训练［M］．北京：人民邮电出版社，2010．
[5] 黄卫红．汽车销售口才训练与实用技巧［M］．北京：海潮出版社，2014．
[6] 华英雄．汽车销售快速成交5招［M］．北京：中国经济出版社，2012．
[7] 顾燕庆．汽车销售顾问［M］．北京：机械工业出版社，2012．
[8] 吴翱翔．汽车销售技术［M］．北京：清华大学出版社，2012．
[9] 冯华亚．汽车推销技术［M］．北京：清华大学出版社，2012．
[10] 丁兴良．规范服务：汽车销售人员客户满意第一步［M］．北京：机械工业出版社，2010．
[11] 肖晓春．汽车销售实战情景训练［M］．北京：机械工业出版社，2009．
[12] 李欣禹．非常话术——汽车营销对话技巧与突破［M］．北京：机械工业出版社，2008．
[13] 何乔义．汽车服务顾问基础与实务［M］．大连：大连理工大学出版社，2015．
[14] 赵晓东．汽车销售沟通实务［M］．北京：北京理工大学出版社，2014．
[15] 吴晓斌．汽车营销礼仪［M］．北京：人民交通出版社，2014．
[16] 赵文德．汽车销售冠军是这样炼成的［M］．北京：机械工业出版社，2014．
[17] 赵成．汽车销售场景112例［M］．北京：人民邮电出版社，2012．
[18] 程艳．汽车销售实务［M］．北京：北京理工大学出版社，2013．
[19] 丁兴良．商用车销售技巧［M］．北京：机械工业出版社，2008．